DE LA PASSION DU JEU,

SECONDE PARTIE.

Se trouve A PARIS

Chez N. L. MOUTARD, Libraire-Imprimeur de la REINE, rue des Mathurins, hôtel de Cluny.

AVEC APPROBATION, ET PRIVILÈGE DU ROI.

DE LA PASSION DU JEU,

DEPUIS LES TEMPS ANCIENS JUSQU'A NOS JOURS;

PAR M. DUSAULX, ancien Commissaire de la Gendarmerie, de l'Académie royale des Inscriptions & Belles-Lettres, & de celle de Nancy.

Non ut desinat, sed ne vincat.

DÉDIÉ A MONSIEUR.

A PARIS,

DE L'IMPRIMERIE DE MONSIEUR.

M. DCC. LXXIX.

DE LA PASSION DU JEU,

SECONDE PARTIE.

CHAPITRE PREMIER.

Des progrès du Jeu.

LES rapports de mon sujet, se multi-
plient à mesure que j'avance. Tantôt, je
veux retourner en arrière pour simplifier mes idées : tantôt, impatient de peindre les convulsions des joueurs, j'anticipe
sur mon plan & je me dégoûte de la
marche didactique. Je me dis : tu ne cor-
rigeras personne. L'espérance renaît & je
m'écrie : tu t'es bien corrigé ! Au lieu

Partie II.   A

d'écrire, je regarde, j'écoute : tout ce que j'ai vu, tout ce que j'ai entendu, vient alors frapper mes yeux & mes oreilles. Je vois fuir de la Cour & de la Ville, des familles dont il ne reste plus aujourd'hui que les noms dédaignés : j'entends les cris des Mères éperdues, qui redemandent en vain au Magistrat consterné, leurs époux, leurs enfans & leurs biens.

ON a déja vu, quelles ont été les vicissitudes du jeu dans les différens siècles, quelle en est la fureur actuelle, ce qui l'entretient, ce qui l'augmente. Je n'ai fait, à ces derniers égards, qu'indiquer ce qu'il est temps de traiter.

ON ne croyoit pas, sous Henri IV, que cette passion fût susceptible de nouveaux accroissemens. « En 1668, dit » Bassompierre, on jouoit à Fontaine- » bleau, le jeu le plus terrible dont on » eût jamais entendu parler : il ne se » passoit point de journées, sans qu'il n'y » eût au moins vingt-mille pistoles de » perte ou de gain. Ces pistoles qui » s'en alloient bien vîte, étoient nom-

» mées *Quinterotes*, à cause d'un certain
» *Quinterot* qui avoit ramené des chevaux
» d'Angleterre. Il y avoit des signes de
» diverses valeurs : quelques-uns étoient
» de cinq - cents pistoles ; de sorte qu'à
» l'aide de ces marques, on pouvoit te-
» nir dans sa main des sommes exorbi-
» tantes (1). »

CE jeu qui n'avoit lieu qu'à la Cour
& chez les Grands, on le joue maintenant dans toute la France & chez les Etrangers. Nous avons aussi des signes de convention, à l'aide desquels nous jouons
secrettement nos contrats, nos maisons,
nos Terres. En Russie, on joue ses Esclaves : il n'est pas rare soit à Pétersbourg,
soit à Moskou, de voir de pauvres familles appartenir, successivement, à dix Maîtres en un seul jour.

ON cherchoit autrefois l'occasion de
jouer : à présent on annonce les Parties,
on fait courir des Billets circulaires. Les
joueurs de tout pays se connoissent,
correspondent ensemble. C'est principale-

____

(1) Mémoires de BASSOMPIERRE, Tom. I, pag. 206.

A ij

ment aux Eaux, que se tiennent les Diè-
tes, que se forment les confédérations.

DE temps en temps on voit des joueurs
d'outre-mer, plus riches & non moins hardis que ce Capitaine, qui vouloit jouer
vingt-mille écus contre l'une des Galères
d'André Doria (1) : on les voit débarquer
de part & d'autre avec des millions, défier les Souverains, les Princes, faire tête
à tout le monde. Lorsqu'ils ont, pendant
la paix, triomphé de leurs Rivaux, ils rapportent insolemment chez eux des *Dépouilles Opimes* (2).

DEPUIS quelque temps on ne veut
plus jouer que de l'or, même chez des Bourgeois. L'argent s'avilit : pour en purger
le *Tapis*, pour forcer les Acteurs à développer leurs *Rouleaux*, les *Banquiers* ont
soin de ramasser les Écus, de les mettre
de côté à mesure qu'ils les gagnent.

ON vient de supprimer un Tripot dont

---

(1) *Voyez* le Chap. IX. de la première Partie; p. 58.

(2) Les *Dépouilles opimes* étoient, à Rome, celles
que l'on remportoit sur le Chef ou Commandant de
l'armée ennemie.

la Maîtreſſe, tous frais faits, recueilloit cinq à ſix-cents livres par ſéance : chaque fois qu'on jouoit chez elle, on uſoit pour dix *Louis* de Cartes. A ce Tripot ſubalterne, en a ſuccédé un autre qu'il eſt plus difficile du ſupprimer. Je ne me rappelle pas quelles ſont les conditions *du Bail:* mais je ſais qu'un grand Hôtel eſt défrayé ; que l'Entrepreneur compte *tant* par mois pour la Table, *tant* pour le Secrétaire &c.

CALCULEZ, d'après cela, & l'énormité de nos jeux actuels & l'affluence des joueurs.

CHAPITRE II.

De quelques imprudences relatives à la passion du Jeu.

DANS les temps où cette passion n'étoit pas si ardente que de nos jours, on badinoit avec le hasard sans en présager les suites. Pour égayer les Méthodes de plusieurs sciences abstraites, on emprunta de certains jeux des moyens d'instruction.

PYRRHUS Roi d'Epire, habile en stratagêmes militaires, avoit imaginé de faire enseigner cet art sur un Damier (1) : a-t-il fait par-là de bons Officiers, des Soldats intrépides ? j'en doute. Si les mêmes causes dans des circonstances pareilles, produisent des effets semblables, je ne doute point que ce procédé, n'ait considérablement augmenté le nombre des joueurs.

---

(1) *Pyrrhus autem peritissimus stratagematon fuit : primusque quemadmodum ea disciplina per calculos in tabula traderetur, ostendit.* DONAT. in Eunuch. TERENT. Act. IV, Scen. VII, v. 13.

Un Commissaire des Guerres , obtint de Louis XIV le privilège exclusif d'établir ce qu'il appeloit *le jeu des Lignes* , que l'on nomma ensuite *les jeux du Monde ou des Fortifications* : c'étoit une espèce d'introduction à la Géométrie. Cette Ecole, trop fréquentée, devint bientôt un *Rendez-vous* des joueurs. Il en résulta de si grands inconvéniens, que le privilège en question fut révoqué par deux Ordonnances successives (1).

Si je ne craignois pas de paroître trop minutieux, je pourrois à cet égard citer bien d'autres méprises : mais on ne péche plus par mégarde.

---

(1) Les Lettres Patentes accordées au sieur Desmartins , en juillet 1673 , pour l'établissement *du jeu des Lignes* , *&c.* furent révoquées premièrement en octobre 1683 , secondement en février 1689.

CHAPITRE III.

Principales causes de la perpétuité du Jeu.

IL est des préjugés, des goûts & des usages dont on se lasse par inconstance : il en est de si nuisibles & tellement dépourvus d'illusion, qu'on y renonce sans effort à mesure que la lumière se répand, que la raison se fait entendre. Pourquoi la fureur du jeu, de toutes les passions la plus funeste, n'est-elle ni sujette à l'inconstance, ni docile aux préceptes ? Je l'ai déja dit : c'est qu'elle est la médiatrice des autres passions, dont elle reçoit l'élan qu'elle leur rend à son tour.

CETTE fureur qui sévissoit pour de vils intérêts, dans les forêts de certains Peuples vagabonds, & qui, dans les temps postérieurs, n'étoit guère que le vice des hommes fortunés, a trouvé bien d'autres alimens au sein de nos Capitales voluptueuses, où l'on n'existe que dans l'opinion d'autrui, où les besoins factices irrités par la concurrence, font plus urgens que les befoins réels.

LE luxe, les impôts, l'inégalité des fortunes & la mifère du plus grand nombre, tout ce qui devroit amortir le jeu ne fert qu'à le ranimer. Riches ou pauvres, fains ou malades, le favant & l'ignorant, le manant & le noble, tout le monde veut jouer : « On le veut, dit un grand Ora-
» teur (1), à quelque prix que ce foit; &
» nulle confidération, peut-être, n'en fera
» revenir. »

D'où viendra le remède ? Sera-ce des Gouvernemens ? ils font toujours fi pauvres, que l'on ne fauroit compter fur eux lorfqu'il s'agit d'argent : fera-ce de l'expérience ? nous defirons trop, pour n'être pas féduits.

L'EXPÉRIENCE de quelque manière qu'on l'envifage, foit empruntée, foit acquife, n'appartient guère en propre, qu'à ceux qui méditent plus qu'ils n'agiffent :

______

(1) BOURDALOUE. *Sermon fur les Divertiffemens du Monde, IIe. Partie.*

tandis que , pour maintenir l'harmonie sociale, ce devroit être tout le contraire.

ECRIVEZ après cela : flattez-vous de corriger les Hommes ! N'importe, écrivons : proteſtons contre le vice, afin que tout le monde n'en ſubiſſe pas le joug.

S'IL n'a pas fait, dira-t-on, tout le bien qu'il deſiroit, il l'a tenté du moins, il l'a voulu.

CHAPITRE IV.

Quel eſt, en dernier reſſort, l'effet de l'avidité ſur les Nations.

SEROIT-IL vrai que les Hommes ne fuſſent bons & heureux, du moins autant que leur condition le comporte, qu'entre les deux extrêmes de la civiliſation ? La perfectibilité morale, car il ne s'agit pas ici de l'induſtrie, auroit-elle, malgré nos Livres & nos Lois, un terme fixé par la nature des choſes ? Quoi qu'il en ſoit, il eſt certain que l'habitude de la vertu, ne ſe trouve que dans l'âge moyen des diverſes fociétés. Les anciennes Républiques, ont toutes commencé par la barbarie & fini par l'avarice.

CE fut en vain que le Cenſeur de Tibère, de Néron & de Domitien, cria d'une voix de tonnerre à ces Brigands qui dévoroient les Provinces conquiſes : Gardez-vous de réduire au déſeſpoir des hommes vaillans & malheureux. Quand vous raviriez le peu d'or & d'argent qu'ils poſſèdent, vous ne leur ôteriez point leurs boucliers ni leurs épées, leurs caſques ni leurs flèches : il reſte encore du fer à ceux qu'on a ruinés (1).

LE dévouement de Juvénal, l'exemple de Veſpaſien, de Titus, & les préceptes de Marc-Aurèle, ne purent tempérer l'avidité romaine. Dix ſiècles après, cette avidité fut réduite en ſyſtême : on ſoutint que la proſpérité publique, pouvoit réſulter des malheurs particuliers.

A MESURE que les abus s'accréditèrent, la Probité elle-même n'oſa plus les

____

(1) JUV. Sat. VIII, v. 225.

attaquer, de crainte de troubler l'ordre
quel qu'il fût : de crainte de rompre les
feuls liens, qui retenoient encore les Nations corrompues. Toute manœuvre lu-
crative, fut maintenue par les fucceffeurs
de celui qui l'avoit inventée. C'eft ainfi
que fe prolonge l'inftinct de la rapacité.

QUAND on confidère la marche con-
vulfive des Nations, il femble, indépendamment de l'influence continuelle de la
cupidité, que les ufages fouvent abfurdes
ont fait les Lois, qu'ils les refont au hafard, & que les vices qui nous minent
fourdement, deviennent enfin plus abfolus que ces mêmes Lois, toujours vaines
fans les mœurs. De-là ces Empires qui fe
fondent, tandis que d'autres s'abîment :
de-là ces alternatives de bien & de mal,
où notre prudence n'a que la moindre
part.

IL eft un remède aux maux qui défo-
lent ce Continent avare : remède trifte il
eft vrai ! mais la Nature que l'on ne viole
point impunément, le prépare en filence.
Voyez comme elle a toujours agi : conf-

tante dans sa marche & dans ses révolutions elle agira de même, à moins que
le Luxe ne rétrograde.

Les Cadavres de cent Villes plus fa-
meuses que les nôtres, leur présagent le
même sort. Lorsque les Sociétés auront
été dissoutes par nos viles passions, il
faudra bien, & ce que j'annonce s'exé-
cute dans un autre Hémisphère, il faudra
bien rappeler l'honneur, le courage, la
force & la vertu.

Sous Justinien, la peste engendra la
famine dans Rome : ce fut alors, dit Pro-
cope, que la débauche s'arrêta, que les
plus dissolus changèrent de conduite.

CHAPITRE V.

Joueur Sauvage.

ON a vu quelle pouvoit être la fureur du jeu, avant que les Hommes fortîffent de la barbarie. Je l'ai fuivie cette fureur, autant qu'il m'a été poffible, dans les différens degrés de Civilifation. J'ai remarqué qu'elle ne s'exerce chez les Sauvages, qu'en proportion de leurs moyens & des rapports qu'ils ont entr'eux. N'étant pas refferrés par des murs, vivant de peu, ne faifant que des pertes réparables, non-feulement ils font moins à plaindre que les joueurs civilifés, mais encore leurs jeux ne fauroient avoir autant d'influence que dans nos Villes, où le Peuple entaffé s'échauffe & fe corrompt par le contact.

PRESQUE dénués de prévoyance, ils fe nourriffent d'une partie de leur chaffe & jouent le refte, moins pour fe procurer de fortes fenfations, que pour s'exempter de leurs fatigues accoutumées.

LE Sauvage ne joue pas toujours. Sous

peine d'endurer le froid, la soif & la faim, les seuls Tyrans qu'il ait à redouter, il est contraint de pourvoir lui-même à sa subsistance : bien différent de nos joueurs Européens, pour qui l'on sème & l'on recueille, pour qui l'on s'arme & l'on se bat, tandis qu'ils se livrent entr'eux des combats domestiques, non moins préjudiciables aux Mœurs, que la perte des Batailles ne le seroit à la Patrie.

EN général, ils sont avides, cruels, superstitieux : mais on ne voit parmi leurs Hordes errantes, ni Suicides prémédités, ni Banqueroutes frauduleuses, ni tant d'autres manœuvres si révoltantes, que de grands Esprits ont préféré l'instinct des Sauvages, à cette raison superbe dont nous sommes trop fiers.

ON ne voit point chez eux de Loteries insidieuses : on n'y voit point de Tripots privilégiés, mis à contribution sous de vains prétextes. Si jamais ils se policent, ils apprendront, à leurs dépens, ce que c'est que la cupidité quand on l'irrite, & quand tous les ressorts en sont tendus.

EXEMPTS de nos travers ſans que leur condition en ſoit plus deſirable, l'occaſion fait leurs vices plus ſouvent que le projet. On ſe rencontre, & l'on ſe met à jouer. On perd la peau d'un Ours ou d'un Lion : bientôt on en terraſſe d'autres & l'on prend ſa revanche. Quels que ſoient leurs revers, la Terre qui les ſoutient reſte toujours en commun.

DANS certaines contrées, ils ont des Séances ſolemnelles & d'autant plus impoſantes, qu'il y va de tout ce qu'ils poſſèdent. Ils jouent encore pour ſe rendre leurs Divinités favorables, pour en obtenir des ſorts heureux : ou bien, pour écarter les maladies & les fléaux qui les déſolent (1).

DÈS que leurs *Magiciens* ont preſcrit

---

(1) « Leurs Magiciens ont coutume de conſeiller » une grande Partie de jeu, comme l'un des moyens » les plus efficaces d'appaiſer leurs Divinités, ou de » rendre la ſanté aux malades, &c. » *CHARLEVOIX, Hiſt. de la Nouv. France, Tom. III, pag. 262.* « Ils » ne négligent rien pour avoir des ſorts qui les ren- » dent heureux : ils ſe préparent au jeu, par des jeûnes » auſtères de pluſieurs jours, &c. » *LAFITEAU, Hiſt. des Sauvages Améric. Tom. II, pag. 341.*

ces sortes d'expiations, on s'y dispose par des jeûnes austères. Tantôt, la moitié d'une Peuplade joue contre l'autre : tantôt, les Peuplades voisines se défient, se rapprochent ; & donnent, à la face du Soleil, des scènes où la brute nature rugit en liberté.

DE part & d'autre, ils déposent en monceau le prix de la victoire : viles dépouilles à nos regards ! mais qui leur sont aussi chères que les nôtres. Comme s'ils invoquoient un Génie terrible & malfaisant, ils poussent des cris horribles suivis d'un morne silence, bientôt interrompu par des soupirs, par des sanglots. Cependant, la fureur concentrée s'accroît à mesure qu'ils approchent de la fatale décision.

LES Députés s'avancent, tenant entre leurs mains les instrumens du jeu. L'impatience redouble, la rage éclate. On se frappe, on se meurtrit. La sueur & le sang ruissellent sur les corps déchirés, de ces hommes accoutumés à vaincre dans toute autre circonstance : de ces hommes nerveux, qui s'indignent de n'être impuisſans que contre le haſard, qu'ils adorent, qu'ils tâchent de fléchir (1).

QUAND le ſort a prononcé, ſans impoſture, on ſe réſigne : le tumulte s'appaiſe. D'autant plus ſoumis à la néceſſité qu'ils raiſonnent moins, ils ſe diſperſent. De nouvelles Courſes font bientôt oublier cette récente calamité, ſans néanmoins les délivrer du penchant qui les raſſemble ou les ſépare, ſelon que leur cupidité jouit ou manque des alimens qui la nourriſſent.

TELS ſont les joueurs ſauvages : voyons quels ſont les nôtres. Malgré cet informe parallèle, je n'en ſuivrai pas moins la route que je me ſuis preſcrite. Ce que je viens de rapporter, je l'ai lu ſeulement : ce qui me reſte à dire, je l'ai vu, je l'ai ſenti.

------

(1) « Ils ſe frappent eux‑mêmes, ſe donnent des
» coups terribles & entrent dans une action ſi véhé‑
» mente, que, quoiqu'ils ſoient à demi nus, ils ſont
» d'abord tout en ſueur, comme s'ils ſortoient de
» l'exercice le plus violent. » *LAFITEAU, &c. T. II.*

CHAPITRE VI.

Joueur civilisé.

ON diroit que l'Homme civil, pour s'affranchir de la gêne du Contrat social, a conservé la médiation du hasard comme une dispense de ses devoirs, comme un titre de son ancienne indépendance : ressource funeste ! & qui le rend encore plus malheureux que les Sauvages.

JE n'ai guère considéré, jusqu'à présent, que le Joueur isolé : il est temps de les rassembler & de les mettre aux prises, afin d'achever le parallèle que je viens d'ébaucher.

« RIEN n'est si grave & si sérieux, dit La
» Bruyère, qu'une assemblée de Joueurs :
» une triste sévérité règne sur leurs visa-
» ges; implacables l'un pour l'autre & irré-
» conciliables ennemis, tant que la séance
» dure, ils ne connoissent ni liaisons ni
» distinctions. Le hasard seul, aveugle &
» farouche Divinité, préside au Cercle & y
» décide souverainement : en un mot,

B ij

» toutes les paſſions ſuſpendues cèdent à
» une ſeule; c'eſt celle du jeu. »

LE Peintre des mœurs du ſiècle précédent, entraîné par ſon ſujet, négligeoit les détails : à l'exemple de Montaigne, il ne prenoit que *le ſommet des idées* les plus piquantes, & laiſſoit à d'autres le ſoin de les commenter (1).

LES approches de ces ſéances où *l'on joue de ſon reſte*, forment un ſpectacle ſingulier, pour celui qui connoît les Acteurs & l'eſprit qui les anime. A meſure que le Cercle s'augmente, le cœur s'épanouit : on ſe félicite, on s'embraſſe, on regrette les abſens. Les careſſes des Joueurs, rappellent l'idée de ces Tigres radoucis en attendant leur proie : qu'importe, en effet, qu'ils aient une face humaine, ſi le cœur recèle la cruauté des bêtes les plus féroces ?

LE ſignal eſt donné, le jeu commence. Auſſi flegmatiques que les Sauvages ſont emportés, on croiroit qu'ils vont traiter de ſang froid, quelque affaire ſérieuſe.

____

(1) *Dès idées*, diſoit MONTAIGNE, *je n'en mets que les têtes.*

D'abord, ils étalent de l'or & le comptent ſans proférer un ſeul mot, bien ſûrs d'être entendus! Ils ſe meſurent enſuite, ils s'eſſayent, juſquà ce que le *preſſentiment* ait réveillé l'audace.

DÉJA chacun deſire des révolutions, & les redoute. Les plus impatiens ou les plus adroits, font alors diverſes tentatives. Les uns, pour décider ceux qui balancent, les raillent óu ſe les aſſocient : ſoit qu'ils les faſſent gagner ou perdre, ils ſavent ce qu'ils font. Les autres, par de ſûrs artifices, hâtent les progrès de la cupidité trop lente : comme on voit des gens conſommés dans l'Eſcrime, *ſe découvrir* à deſſein, & *donner un jour* à leurs Adverſaires, afin de les atteindre plus ſûrement.

DÉFIEZ-VOUS de ces Joüeurs vaporeux, qui bâillent ſur un tas d'or. Vous croyez qu'ils tombent de fatigue? leurs yeux & leurs mains, travaillent ſecrettement à fixer la fortune.

D'AUTRES toujours agités de ſang froid, parlant toujours & brouillant tout pour donner le change, ſe plaignent du ſort au

B iij

milieu des gains répétés que leur bourſe engloutit furtivement. « On ſait, dit un an-
» cien Auteur, le nombre des jours qui ſe
» ſont écoulés depuis *la Création du Monde*,
» mais on ne ſait jamais ce que les Joueurs
» perdent au jeu : ceux qui gagnent en
» dénient le compte , ou ne s'en ſou-
» viennent plus, ayant ſerré l'argent *au*
» *ſein, dans leurs Manches, ou dans les*
» *poches de leurs Chauſſes* (1). »

LEUR politique , en pareil cas , eſt d'écarter les Emprunteurs; &, chaque fois qu'ils gagnent , de ſouſtraire une partie de leurs gains. Pour mieux diſſimuler , quelques-uns empruntent de temps en temps, afin de perſuader qu'ils ne *font rien*, quand on les voit payer leurs dettes à la fin de la Partie.

UN Sophiſte Anglois , apperçoit dans l'habitude que les joueurs ont de cacher leurs gains, *un mélange de gratitude & de pitié.* « Il eſt certain, dit-il, que notre » amour-propre nous oblige , & même

----

(1) Les Diverſes Leçons d'ANTOINE DUVERDIER , &c. pag. 493.

» avec tyrannie, à chérir quiconque nous
» procure quelque avantage, à deffein ou
» fans y penfer. »

S'il avoit dit que les joueurs aiment ceux
qui perdent, comme ils aiment les Cartes
ou les Dez qui les font gagner, je l'aurois
compris : mais il ne raifonnoit pas de bonne
foi. « Après un mois, ajoute-t-il, après
» huit jours & moins encore, lorfque les
» idées d'obligation & de reconnoiffance
» font effacées de la mémoire de celui qui
» gagne ; lorfque celui qui perd, ayant
» repris fon humeur accoutumée, étant
» moins fenfible à fa perte, peut en rire ;
» lors, enfin, que celui qui a gagné, n'eft
» plus follicité par la pitié, par la crainte
» ou par le foin de fa confervation, il ne
» fera plus aucun fcrupule d'avouer natu-
» rellement ce qu'il a gagné : fi la vanité
» fe joint au plaifir du gain, il s'en vantera,
» fouvent même il l'exagérera (1). »

Que fignifie ce verbiage ? *Mandeville*
s'étoit apperçu que parmi ceux qui n'ont

______

(1) Fable des Abeilles, &c. Tom. I, pag. 71 & 72.

pas encore perdu toute idée de justice, il y avoit de part & d'autre dans les premiers instans, de la pudeur, des regrets ou des remords involontaires que le temps dissipoit : ce qui ne prouve rien contre le reproche que je fais à la plupart des joueurs, de n'être que des menteurs & des perfides.

CHAPITRE VII.

Suite du précédent.

LE vin, la colère & le jeu, disent les Rabbins, nous montrent tels que nous sommes (1). Je ne joue point, disoit un grand Politique, parce que je ne veux pas donner *la clé de mon ame* : dans les séances dont il s'agit, quelques précautions que l'on prenne, elle échappe à la fin *cette clé* sans qu'on la donne.

PARMI toutes ces feintes dont je viens de parler, insensiblement les figures se démontent, les masques tombent, & la

____

(1) THOM. HYDE. *De Lud. Oriental.*

laideur de la passion se manifeste toute entière. Les Vénitiens, pour en cacher les traits, avoient imaginé des masques rians : de sorte que le *Perdant* au désespoir, rioit au nez de celui qui s'emparoit de son argent, d'un air cynique & railleur.

LE jeu redouble. On diroit qu'un ulcère dévore secrettement les joueurs. Leurs mains tremblent, leurs yeux se troublent. Ils écument, ils balbutient. Ils veulent & ne veulent plus. Ce sont des enfans, ou plutôt des frénétiques. Ne pouvant se décider, ils retirent & repoussent leur *mise* jusqu'à ce qu'ils cédent, aveuglément, à la dernière impulsion.

VOUS les verriez, n'osant envisager leur jeu, *filer la carte* & s'arrêter soudain, de peur de savoir ce qu'ils veulent apprendre. Il en est qui, sur l'apparence d'un *Brelan*, commencent par *engager leur Tout*, avant de s'être assurés de leur jeu.

LE procédé de ceux qui s'exposent ainsi, tandis qu'ils tiennent entre leurs mains le secret de la fortune, vient, comme je l'ai dit, ou de l'audace qui couvre la crainte,

ou du préjugé qui rend les hommes plus
fenfibles aux effets du bonheur, qu'à ceux
de l'induftrie.

LE moment arrive où chacun s'oubliant
foi-même, ne refpectant plus rien & confondant tout, quelques-uns s'écrient qu'ils
ont perdu lorfqu'en effet ils ont gagné.
C'eft alors que le Noble obéit au Manant
qui le tient fous le joug, tandis que celui-ci
l'infulte ou le careffe, felon le caractère
de fon infolence. C'eft alors, que le Grand
Seigneur s'humanife avec le Financier. Le
jeu finit ou fe prolonge, felon l'Etiquette
du lieu.

IL faut les voir lorfqu'ils ne font qu'entr'eux, & libres de toutes bienféances !
Quand ils font bien allumés, les heures
& les journées s'écoulent fans qu'ils s'en
apperçoivent. Autant de joueurs, autant
de machines qui fe remontent d'elles-
mêmes, & dont le mouvement ne ceffe
que lorfqu'elles fe détraquent.

LA rage de cet inftinct leur fournit des
forces fuffifantes, pour fouffrir ce qui rebuteroit l'honneur & le courage. Tels &

plutôt usés que ces malheureux condamnés à vieillir dans *les Mines*, ils dépériffent avant l'âge : la plupart, à quarante ans, font déja décrépits (1).

On a vu des joueurs refter trois, quatre & quelquefois cinq jours de fuite, affis à la même table de jeu. Ils ne veilloient pas ; ils ne dormoient pas non plus : leur état, reffembloit à l'infomnie d'un criminel rêvant à la *Torture*.

On les a vus dans ce long fupplice, dont quelques-uns ont expiré, prendre furtivement de la main des valets de quoi fe fuftenter, & vaquer en murmurant aux befoins naturels. *Il eft bien queftion de ces misères*, difoit l'un d'eux, *ne perdons point de temps !* N'eft-il pas permis de s'écrier : N'EST-CE-LA QUE DE LA FUREUR (2) ?

Rapprochez les traits : comparez le joueur fauvage au joueur civilifé. L'un fait

---

(1) Ovide dit que les jeux de hafard font abrutif-fans & qu'ils énervent :

Eripiunt omnes animis fine vulnere nervos.
Remed. Amor. v. 143.

(2) *Simplex ne furor ?* Juv. Sat. I, v. 92.

pitié : l'autre n'inspire que du mépris. Il s'en faut bien, cependant, que j'aye achevé le tableau de cette fureur Anti-sociale, qui confond aujourd'hui tous les rangs, corrompt toutes les conditions.

CHAPITRE VIII.

De la sorte d'égalité qui règne parmi les Joueurs.

DEPUIS que l'Europe a renouvelé le culte de la Fortune (1), avec plus d'ardeur que ces avares Conquérans, qui furent à leur tour dévastés par les Barbares, on a vu disparoître la décence & la subordination : on a vu les dernières traces des caractères nationaux s'effacer rapidement, tandis que les sentimens naturels n'avoient pas un meilleur sort.

NOS Pères durent se féliciter, sans doute, lorsqu'une politique aussi coura-

____

(1) *Quandoquidem inter nos sanctissima divitiarum*
    Majestas ; & si funesta Pecunia templo
    Nondum habitas.   JUV. Sat. I, v. 113.

geuse que salutaire, réprima ces Seigneurs hautains qui durant plusieurs siècles, n'avoient pas moins captivé leurs esprits que leurs personnes : ils durent chérir leur nouvelle existence, quand l'industrie, encouragée & soutenue par un vrai Monarque, leur ouvrit enfin la carrière de la fortune, qui de tout temps n'a cessé d'aboutir aux honneurs.

ON affermit, dans ces conjonctures, l'égalité politique, sans laquelle il n'y auroit que des Maîtres & des Esclaves. Des millions de Serfs se transformèrent en hommes libres ; & les Nobles apprirent à respecter, jusque dans les derniers rangs, ceux dont les rejetons devoient un jour suppléer à leurs races éteintes.

AVEC de la constance & du travail, tout le monde eut droit à tout. Mais cette active industrie, qui recréa si promptement les Sciences & les Arts, qui découvrit les trésors du Nouveau Monde, & changea pour ainsi dire la face de la Terre, cette industrie mal dirigée, enfanta le Luxe père de l'oppression : loin de simplifier les Tyrans, elle ne fit en dernier reſſort que les multiplier.

QUE de maux s'enſuivirent ! On préféra les Richeſſes idéales aux vraies Richeſſes. Dans pluſieurs Royaumes, il y eut plus de *papier* que d'argent, plus d'argent que de denrées. Bientôt, on fut contraint d'expatrier les indigens ; d'augmenter le nombre des priſons ; de conſtruire des *dépôts*, pour y entaſſer ceux qui, n'ayant que des bras inutiles aux beſoins de la Molleſſe, la faiſoient trembler dans les Campagnes & dans les Villes.

QUAND la pitié forçoit d'ouvrir ces demeures fétides & ténébreuſes, ces antres de la Mort, les rues, les chemins étoient remplis de ſpectres mendians : on y rencontroit, à chaque pas, la miſère ſuppliante à côté du faſte inſolent.

CEPENDANT, on ſoutenoit qu'il falloit bien ſe garder de rendre l'aiſance trop générale. Si quelqu'un objectoit que c'étoit abuſer du malheur, le pouſſer à bout, on ſe moquoit de ſa ſimplicité, en lui montrant des roues & des gibets.

La Société qui n'avoit été compofée que de Nobles & de Serfs, ne le fut enfin que de Riches & de Pauvres. On difoit, néanmoins, que l'égalité s'établiffoit de plus en plus : on le difoit ! cette fauffe égalité, démentie par le fait, ne fut guère moins funefte que la fervitude féodale, quand l'or devenu le tarif de l'honneur, fournit le moyen d'ufurper impunément le prix de la vertu, de faire de grandes alliances, & de paffer, fans intermédiaires, du Comptoir en un Palais.

Dès que l'afcendant des Richeffes fut bien avéré, on fut égaux, parce que l'on fut également dégradés (1). C'eft fur-tout parmi les joueurs, que règnent tous les inconvéniens de cette honteufe égalité. Le privilège, ou plutôt l'abus des jeux dont il s'agit, eft de confondre tous les rangs, de les corrompre l'un par l'autre.

Le Roi de Pologne, Duc de Lorraine, avoit coutume de fe retirer vers les neuf heures du foir du fallon de Lunéville ; &

***

(1) *Facinus quos inquinat æquat.* Lucan.

c'étoit alors que le gros-jeu commençoit. Pour avoir des Acteurs, on laiſſoit entrer, on ramaſſoit indiſtinctement quiconque avoit de l'argent à perdre : *Qu'on appelle les Grands* (1), s'écrioit ironiquement un Spectateur.

DANS les révolutions heureuſes & dans les grandes calamités, les hommes franchiſſent l'intervalle qui les ſépare, pour jouir enſemble ou pour ſe conſoler.

QUAND Xénophon, vers la fin tant deſirée de ſa périlleuſe *Retraite*, apperçut la mer qui l'approchoit de ſa patrie, lui, tous les Généraux, tous les Officiers de ſon armée, ſe mêlèrent parmi les ſoldats & les embraſſèrent, ſe félicitant, avec eux, d'un retour qui tenoit du prodige (2).

A l'iſſue d'un grand échec & long=temps après la *Retraite des dix-mille*, lorſque les débris de l'armée de Pétus eurent rejoint celle de Corbulon ſur les bords de l'Eu-

____

(1) Hémiſtiche de la Tragédie d'*Inès de Caſtro*.

(2) *Retraite des Dix-Mille*, L. IV, §. 40, dont nous venons d'avoir une Excellente Traduction, publiée par M. LARCHER, qui prépare celle d'Hérodote.

phrate,

phrate, on gémit, on pleura des deux côtés en déteſtant la guerre : les paſſions ſuperbes de la proſpérité ſe turent ; la pitié ſeule fit entendre ſa voix, ſur-tout parmi les Subalternes (1).

Au jeu, quel qu'en ſoit l'évènement, n'attendez rien de tel : les joueurs ne ſe raſſemblent que pour trafiquer de leurs vices. Il ne réſulte de ce mélange, qu'une corruption réciproque, qu'une peſte générale. Les travers de la Nobleſſe & les voluptés de l'opulence, ſe combinant avec les goûts crapuleux d'un tas d'Aventuriers, il en ſort des monſtres dont il n'étoit pas poſſible de préſager l'exiſtence.

Un Joueur vient, dans le jardin du Luxembourg, de tirer un coup de piſtolet ſur ſa jeune Epouſe irréprochable : il s'eſt tué lui-même, de dix coups de poignard (2). D'où venoit ſa fureur ? du jeu, & des liaiſons qu'il y avoit contractées.

---

(1) *Deceſſerat certamen virtutis, & ambitio gloriæ, felicium hominum affectus : ſola miſericordia valebat, & apud minores magis.* Tacit. Ann. Lib. XV, §. 16.

(2) Le 30 avril 1779, à trois heures après midi.

Partie II.   C

CHAPITRE IX.

Dangers de certaines liaisons, & princi-palement de celles que l'on contracte au Jeu.

« POUR vivre heureux, dit Saint-Evre-» mond, il faut faire peu de réflexions sur » la vie, mais sortir souvent hors de soi ; » & parmi les objets que fournissent les » choses étrangères, se dérober la connois-» sance de ses propres maux (1). » Ce précepte, tient rarement ce qu'il promet.

PRESQUE tous nos chagrins & nos malheurs, viennent de nos liaisons. Combien de fois l'homme juste & bienveillant, a regretté pendant la nuit les démarches les plus innocentes, a soupiré des blessures de la journée !

QUE ceux qui, pour se tirer d'euxmêmes & par un régime soi-disant philoso-

____

(1) Œuvres de SAINT-EVREM. Tom. I. *Discours sur les Plaisirs, à Madame d'Olonne.*

phique, fe jettent les yeux fermés dans le tourbillon des fociétés les moins nuifibles, fe rappellent je ne dis pas plufieurs années, mais feulement quelques mois, quelques femaines : ils feront forcés de convenir , s'ils ont de la délicateffe & de la fenfibilité, qu'excepté les momens paffés au fein de l'amitié fidèle & fouvent éprouvée, la fomme des autres n'a dépofé dans leurs ames, que des levains qui les ont aigries contre leurs femblables.

Si l'on ne fe recherchoit que pour s'aimer, que pour fe rendre des fervices mutuels, il conviendroit d'ouvrir fon cœur & fes bras à tout le monde : mais ce n'eft pas l'eftime & la bienveillance qui nous raffemblent. C'eft, au défaut de l'intrigue, l'inquiétude & la nullité qui nous mettent, fans ceffe, à la quête d'un bonheur dont nous n'avons que des idées vagues ; & auxquelles néanmoins nous facrifions le repos, la sûreté, ces deux bafes effentielles de l'exif-tence morale (1).

______

(1)   *Novit paucos*
       Secura quies.   SENEC. Tragic.

CICÉRON pour diffamer les Juges de Clodius, les compare à ceux qui hantoient les maisons de jeu (1). Quoique tous les joueurs ne soient pas des infâmes, la plupart n'en sont guère moins répréhensibles, parce qu'ils s'exposent à le devenir.

UN scélérat habile & éloquent, cherchoit un complice : ce fut au jeu qu'il le trouva. Ne croyez pas qu'il se soit adressé à un homme suspect : il choisit le mieux famé, mais aussi le plus ardent & le plus malheureux. Après se l'être attaché par la reconnoissance, il attendit un dernier revers pour lui déclarer que, tous deux, ils étoient sans ressources. Quand il le vit au désespoir : Tu veux mourir, lui dit-il, & moi je veux réparer nos malheurs. Laisses-en périr un autre : suis-moi. Celui-ci le repousse d'abord, & le suit enfin. Il lui voit commettre un assassinat, en commet un autre de son côté, & meurt sur-le-champ de la main du Monstre qui l'avoit entraîné (1).

____

(1) *Non enim unquam turpior in ludo talario consensus fuit.* CIC. ad Attic. Epist. XVI, Lib. I.

(2) Une grande Ville, fait les noms des Acteurs de cette affreuse Tragédie.

DE ces réduits publics & clandeſtins, où fermentent tant d'intérêts & de paſſions contraires ; où ſe rencontrent tant de gens incompatibles par la naiſſance, les moyens, les mœurs & les emplois : de ces ardens foyers, où chacun n'apporte que l'énergie du vice , ſortent confuſément la miſère, le parjure, l'opprobre & le duel (1).

QUAND vous gagnez parmi des inconnus une ſomme conſidérable, dirois-je à ceux qui ne jouant pas pour vivre ſont moins ſujets à s'oublier, ſavez-vous ſi celui qui la perd n'a pas riſqué , ſoit le bien d'autrui , ſoit le pain de ſes enfans : s'il n'ira pas, en vous quittant, commettre un crime ou du moins une baſſeſſe ? La turpitude de ceux que vous fréquentez au haſard , ne ſauroit-elle re-jaillir ſur vous ? Ne ſauroit-on vous ſoup-çonner, comme tant d'autres qui n'avoient contre eux que leurs ſuccès ? N'eſt-ce rien , en pareil cas , que le ſoupçon ?

LES moindres ſoupçons tiennent lieu

---

(1) Pour te le faire court, de tous les jeux de ſort
Rien que débat, malheur & blaſphême ne ſort.
ANT. DUVERDIER.

C iij

d'évidence & fervent de preuve, dans un monde où chacun ne cherche que des prétextes, pour s'élever fur les ruines de ceux qu'il calomnie (1).

LEUR prudence ne s'étend pas fi loin : ces liaifons, répondent-ils, ne durent pas plus que la Séance. J'avoue que beaucoup de joueurs refufent de fe reconnoître au grand jour, & même qu'ils fe défavouent réciproquement, quand ils n'ont pas d'autres rapports. Ce défaveu ne fuffit pas.

TOUT rapport, a des conféquences relatives à fa nature : outre l'honneur & la fortune que l'on perd au jeu, il y va quelfois de la vie que l'on s'arrache pour un gefte, pour un mot. *Vous êtes plus heureux qu'un enfant légitime* : ce proverbe échappé par mégarde, a caufé la mort d'un illuftre guerrier. Le Penfionnaire d'Anvers en 1634, jouant contre le Baron d'Anghein, en fut fi vivement affailli qu'il refta fur la

***

(1) Je ne garantis pas l'innocence de tous ceux que l'on foupçonne d'être joueurs infidèles : il eft certain qu'en dernier lieu, plufieurs perfonnes ont été fauffement accufées.

place, & ne guérit de ses blessures qu'au bout de onze mois (1).

QUOIQUE naturellement disposés à s'outrager, tous les joueurs ne savent pas endurer le mépris & les sarcasmes. Le Marquis de Laigues ne pardonna jamais au Grand Condé, de l'avoir maltraité dans une Partie de jeu : il lui prouva qu'il n'étoit pas à dédaigner (2).

QUAND on seroit assez imposant pour contenir les plus emportés, pour se faire respecter lorsqu'on est en présence : hors du jeu, les Mécontens se plaignent, leur dépit s'exhale en fâcheuses conjectures. Le bruit en court, le souvenir en reste. On a vu des enfans, venger, après vingt années, les propos tenus contre leurs pères.

IL n'a fallu souvent, pour empoisonner le cours d'une longue vie, que la rencontre fortuite d'un malhonnête homme : que se-

____

(1) Cette Rixe arrivée à Madrid, est racontée fort au long dans le *Mercure François*, Tome XX, pag. 309.

(2) Mém. de JOLY, Tom. I, pag. 20. Voyez encore *Les Mém. de la Duchesse DE NEMOURS.*

ra-ce, fi l'on ne ceffe de prêter le flanc à des gens corrompus ou prêts à l'être ? fi l'on vit habituellement avec des joueurs, & qu'on les admette dans fa maifon ?

CHAPITRE X.

Emulation actuelle de fafte & de jouiffances.

LA révolution qui s'eft faite dans nos Mœurs, a quelque chofe de brillant : mais il faut avouer que les monftrueux abus dont on eft forcé de gémir, en diminuent beaucoup l'éclat.

UNE partie de la Nobleffe, au lieu de briller par les armes (1), au lieu de reproduire les vertus de fes Ancêtres, ne fe fignale plus que par fon fafte, par fa molleffe, & fur-tout par la fureur des jeux les plus terribles que l'on puiffe imaginer. Prodigue de fes biens, fans avoir le talent de les renouveler, elle fe voit contrainte à des pratiques baffes, à des Méfalliances honteufes,

---

(1) *Argenti quod erat, folis fulgebat in armis.*
Juv. Sat. XI, v. 108.

parce que l'argent & non le choix en eſt
le médiateur. De grands Seigneurs Eſpa-
gnols, vers la fin du XVe ſiècle, s'allioient
auſſi à des familles Juives, pour rétablir
leurs affaires délabrées (1).

« EN peu de temps, dit un ancien Jour-
» naliſte, on vit en France les *Marauts* de-
» venir de grands Seigneurs & les Riches
» ſe faire *Béliſtres* (2). » Nos Plébéiens,
nouvellement enrichis, au lieu d'attendre
en ſilence le moment de prendre l'eſſor,
ſe hâtent de ſortir de leur ſphère. Ridicule-
ment avides de jouiſſances & d'honneurs,
ils ſe font nobles. Ces Bourgeois renforcés,
ne daignent plus vivre comme vivoient,
il y a trente ans, les familles les plus
illuſtres.

LA profuſion de leurs Tables & l'éclat de
leurs Maiſons, perſuaderoient à l'Etranger
qui ne ſait pas apprécier notre luxe, que
Paris eſt un Aſyle de Souverains. Eh bien

---

(1) Eſſai ſur l'Hiſt. Gén. par M. DE VOLTAIRE,
Tom. II, pag. 292.

(2) Recueil des choſes mémorables, &c. ſous
Henri II, François II, Charles IX & Henri IV.

ſoit : tous ces Parvenus, ont en effet une cour & des flatteurs. Mais attendez : après qu'ils ont *mangé* le Peuple, on les *mange* à leur tour. Leur vanité s'en applaudit tant que dure le preſtige : c'eſt-à-dire juſqu'à la Banqueroute, leur écueil ou leur reſſource ordinaire.

ILS ont nourri le Vice, ils volent l'Arti-ſan, rien de plus ſimple : ne ſont-ils pas de ceux que la fortune, en ſe jouant, ramaſſe dans la fange pour les y replonger plus avant, après les avoir élevés au ſommet de ſa roue (1)?

QU'UNE Courtiſanne ait des Colonnes, un Portique, & tout l'attirail d'un luxe ridi-cule : c'eſt un phénomène qui ne tire pas à conſéquence. Que des femmes qui pré-tendent à nos reſpects, imitent des Courti-ſannes ; que des hommes d'hier ſoient mieux logés que nos Princes, & qu'ils recu-lent ſans ceſſe les bornes d'une ville déja

---

(1) . . . . . *Et cur non omnia ? cum ſint*
Quales ex humili, magna ad faſtigia rerum
Extollit, quoties voluit fortuna jocari.
                    JUV. Sat. VIII, v. 140.

trop vaſte : voilà ce qui indignoit les Juvénal & les Tacite.

N'ÉCRIVONS point pour ces gens-là.
Ecrivons, pour engager les familles modeſ-
tes à perſiſter : pour leur faire ſentir qu'elles
peuvent jouir décemment d'un patrimoine
bien acquis, & le tranſmettre à leurs enfans ſous la garde des bons exemples.

ON n'eſt avide que pour briller ; c'eſt
la manie du ſiècle. On veut du monde,
quoi qu'il en coûte, par conſéquent il faut
du jeu. Un joueur, quel qu'il ſoit, en amène
un autre ; ainſi de ſuite. Voilà comme le
Cercle ſe forme, s'accroît en peu de temps.
Tout va bien, tant que les Acteurs ſont en
état de *dorer le Tapis* : quand leurs fonds
baiſſent, on en eſt quitte pour leur fermer
la porte.

LE charmant commerce ! On ne parle
que des jeux & des ſoupers de nos *Am-
phytrions* : quelques-uns, cependant,
ſont connus à peine de la plupart de leurs
convives ; qu'ils ne connoiſſent pas eux-
mêmes. Chilon refuſoit de s'aſſeoir aux
tables, dont on ne pouvoit pas lui nommer

les Affiſtans (1) : ſi ce Philoſophe avoit vécu de nos jours, il auroit mangé chez lui.

UN Prince, chez qui des gens ſuſpects arrivoient de toutes parts à la faveur du jeu, ſe trouvoit à l'étroit & comme étranger dans ſon propre palais : quelqu'un lui conſeilla d'en bannir les joueurs. La choſe faite : — Convenez que c'eſt un autre ton. Maintenant on s'aborde, on ſe parle, & l'on ne ſe demande plus : *Quel eſt cet homme ?*

LES Ancêtres parcimonieux de nos Riches mal-aiſés, ſeroient bien ſurpris s'ils renaiſſoient tout-à-coup, de la vie que mènent leurs Deſcendans ! Où prenez-vous, leur diroient-ils, de quoi faire ces énormes dépenſes ? quoi ! tous les jours des fêtes & du jeu ? votre maiſon, comment la ſoutenir ? vos enfans, comment les élever & que leur laiſſerez-vous ?

A CELA, deux choſes à répondre : parmi nos gens du monde, les uns ſont Célibataires, les autres prennent garde d'avoir des

____

(1) PLUTARQUE. *Banquet des Sept Sages.*

enfans ; s'il en vient, ils se font des rentes viagères à mesure que leurs capitaux diminuent. Après eux, *le Déluge.*

JE suis en état de prouver, disoit Mandeville, que le Commerce languiroit, que l'Etat s'appauvriroit, si les Mères s'avisoient d'être chastes & les Pères économes (1).

CHAPITRE XI.

De la conduite des Maîtres & Maîtresses de Maisons, relativement au Jeu.

QUAND le faste ne se trahit pas lui-même, on le trahit : les Valets d'un grand Hôtel, viennent de déclarer que dans l'espace de vingt ans, les profits des cartes étoient montés pour leur vieille Maîtresse, à plus de cinq-cents-mille livres.

ON va plus vîte maintenant : je pourrois nommer cent maisons brillantes qui ne subsistent, du moins en partie, que des profits du jeu. On a soin, en faisant mettre dans

___

(1) Fable des Abeilles, &c. *Tom. I, pag. 292.*

la *Corbeille*, de dire que ce font les profits des Gens: demandez-leur ce qu'il en eft. Les plus difcrets vous répondront, comme dans les Plaideurs:

Il eft vrai qu'à Monfieur j'en rendois quelque chofe.

ON ne s'en cache plus: chez les Millionnaires on fait contribuer pour les cartes fans employer de cartes; on y paie pour les inftrumens de certains jeux, quoiqu'ils ne s'ufent qu'à la longue; on y paie pour les *Tableaux* & pour les *Fiches du Loto*. Les plus riches, font argent de tout (1).

POUR fe fouftraire aux rétributions, quelques joueurs des deux fexes ont imaginé de fe raffembler, à frais communs, dans des Tavernes de campagne: de s'y rendre, avec le convoi de tout ce qui peut fervir à ranimer le jeu.

ON m'a dit que des femmes opulentes, & dont les maifons voifines fe nuifoient réciproquement, avoient pris en commun un appartement fitué près d'un fpectacle.

----

(1) *Quis feret iftas luxuriæ fordes ?*
        JUV. Sat. I, v. 139.

Ce n'étoit, difoient-elles, que pour la commodité des joueurs : au refte, elles retournoient prefque tous les matins, coucher dans leurs Hôtels.

CELLES-LA pouvoient du moins dormir, de temps en temps, loin du tumulte : elles n'étoient pas contraintes d'aller chercher des lits à la Campagne, comme le fut une femme de qualité chez laquelle on jouoit depuis trois jours, & qui n'avoit pas eu la force de congédier fon monde (1).

CETTE paffion s'eft tellement emparée de toutes les claffes, que nos Bourgeoifes & nos Marchandes rivalifent avec les Financières : quelques-unes ont des féances renommées, & vont aux Eaux dans la *morte-faifon.*

QUE voulez-vous, me dira-t-on? la

____

(1) La Marquife de * * * arrive à dix heures du matin au Château de Brunoy chez Madame de M ***: Ma chère amie, lui dit-elle, ma maifon eft au pillage ; je n'en puis plus ; faites-moi donner un lit. Elle fe couche : quelqu'un parie de la faire jouer avant qu'il foit une heure. On la réveille, on lui dit que le jeu va commencer : s'élançant hors du lit, elle fe retrouve en un clin d'œil les Cartes à la main.

coutume l'emporte, déformais il faut du jeu: mais il en eft qui ne gagnent rien à faire jouer, & ne jouent pas le plus fouvent.

J'AI vu des Maîtres de Maifons qui n'étoient que vains & fe croyoient prudens, fortir les premiers du fallon à deux heures du matin, pour s'enfoncer dans leurs Alcoves. Je les ai vus laiffer leurs parens, leurs amis les plus intimes, aux prifes avec des inconnus, fans craindre de trouver le lendemain, je ne dis pas de la détreffe & des larmes, mais un ou deux cadavres étendus fur le plancher.

CONTENS & prefque fatisfaits de la confcience de leurs richeffes, qu'ils fe gardoient bien de compromettre! ils s'applaudiffoient de leur réferve, & s'endormoient en riant de la folie de leurs convives. Ils dormoient! tandis que la plus funefte de toutes les paffions veilloit auprès d'eux : tandis que leurs Valets amorcés par les rétributions des joueurs, débauchés par leurs exemples, ou payés par la fuperftition, fe mettoient de la Partie (1).

____

(1) Cette licence a lieu fur-tout, dans les Parties

A leur réveil, ils écoutoient de fang froid, le récit des malheurs qu'ils auroient dû prévoir. Je ne fache pas que les moins durs, fe foient jamais avifés d'offrir des fecours, à l'honnête homme fubitement obéré par leurs criminelles complaifances.

Au fortir de chez eux, des Brigands nantis de *paroles d'honneur* & chargés d'or, s'autorifoient de leur commerce pour fe glifler ailleurs. Le mal circuloit de cotterie en cotterie, s'étendoit de jour en jour & dévaftoit la ville.

On eft devenu moins délicat dans fes liaifons, par conféquent plus relâché dans fes principes & dans fes mœurs : la probité des hommes, la pudeur des femmes & l'innocence de leurs enfans, en ont reçu, en reçoivent journellement de cruelles atteintes.

Que l'or & la prodigalité ne foient

---

orageufes. J'ai vu fouvent la Livrée confondue avec les Maîtres, faire jouer & jouer elle-même l'argent des Cartes. Dans une grande Affemblée, on compta cent *Louis* à un Aide de Cuifine, qui ne parut pas fort étonné de fa fortune.

donc plus, désormais, des titres suffisans pour être admis dans vos Maisons, Pères de familles ! qu'on les déserte, plutôt que vos femmes & vos filles ne soient souillées par les regards de l'Intrigant, marqué peut-être du sceau de la Justice (1) : plutôt que vos fils, encore dans l'innocence, n'approchent de ces Intrus, n'en deviennent quelque jour les victimes ou les complices.

CRAIGNEZ encore que vos domestiques les plus fidèles, devenus joueurs dans vos foyers, ne fréquentent les Tripots, ne mettent aux Loteries : ils introduiroient chez vous la licence, ils vendroient votre honneur ; &, les faits en sont trop communs, après vous avoir volés ils attenteroient à votre vie.

QUICONQUE reçoit des joueurs, ne mérite point de grace quoiqu'il n'y gagne

____

(1) Pelissier, fameux Voleur de grand chemin & cependant homme de bonne compagnie, fut arrêté, de nos jours, chez l'Intendant de Lyon : il avoit déja été fouetté & marqué ; cette fois il fut rompu.

rien : ce n'eſt point aſſez de ne pas faire le mal, il le faut empêcher (1).

CHAPITRE XII.

Des Jeux de Commerce ou de Société.

LES jeux appelés de Commerce ou de Société , modérés dans l'origine, repréſentent maintenant en raccourci, tous les inconvéniens des autres jeux.

LORSQUE les Sciences, les Arts & le Commerce, eurent achevé de rompre les fers de la ſervitude, on déſerta les Campagnes pour accourir dans les Villes, où l'induſtrie étoit d'autant mieux récompenſée, qu'elle s'exerçoit ſur des objets plus agréables qu'utiles, & l'on fit fortune. On la fit plus rapidement encore, dès qu'on put s'enrôler ſous le Drapeau de la Finance, qui d'une Génération à l'autre donnoit à des eſſains d'enfans gâtés, le privilège de vivre ſans rien faire, de vivre avec ſplendeur.

---

(1) *Si potero , revocabo ; ſin minùs non adjuvabo ſcelus.* SENEC. De Benef. Lib. II, Cap. XIV.

IL fallut jouer, car il faut bien faire quelque chose. Pour remplir le vide de la vie on joua différens jeux, auxquels on ne se livra d'abord que par désœuvrement. On les appela jeux de Société, parce qu'ils eurent assez d'attrait pour rapprocher les Citoyens. Peut-être aussi les nomma-t-on jeux de Commerce, parce qu'il en pouvoit résulter des profits journaliers.

CES jeux sédentaires qui n'avoient été dans l'origine, que le supplément des anciens exercices, faits pour rendre plus sains, plus actifs, pour aguerrir la jeunesse, & prolonger la vigueur jusque dans l'âge avancé : ces jeux s'accréditèrent tellement, que le premier talent des femmes dont la mode fait les Mœurs, fut de savoir assortir les Parties, d'occuper son monde, de ne laisser à personne, ni le temps, ni l'occasion de montrer ou de sentir sa nullité.

L'ÉDUCATION d'un jeune homme ne parut achevée, que lorsqu'il fut en état de jouer tous les jeux de convention. On y attacha tant d'importance, que des Pères

& des Mères avant de produire leurs enfans dans le monde, eurent recours à des
Maîtres dont les Élèves devenus trop habiles, ont été juſtement ſoupçonnés.

LA galanterie & les ſpectacles, firent
quelques diverſions : mais le jeu retint dans
l'ignorance, les trois quarts de ceux qui
pour s'inſtruire, n'avoient beſoin que de
s'informer & d'écouter.

EXCEPTÉ quelques maiſons où l'on ſait
aujourd'hui commercer de ſon ame, il faut
jouer dans toutes les autres, ſous peine
d'être compté pour rien, & quelquefois
triſtement éconduit.

EST-CE donc un ſi grand mal, que de ſe
livrer à des jeux dont la perte eſt fixée ?
J'en vois moins dans la choſe, que dans
l'abus. Platon reprochoit à quelqu'un, de
ce qu'il jouoit trop. Vous faites, lui dit-on,
bien du bruit pour peu de choſe. C'eſt peu
de choſe, répliqua-t-il, mais n'eſt-ce rien
qu'une telle habitude (1) ?

---

(1) DIOG. LAERT. Lib. III, §. 58.

LA patrie, nos parens, nos amis & tant de malheureux à foulager, nous laiffent-ils de l'argent & du temps à perdre?

DE grands Philofophes, perfuadés qu'il y a plus de fageffe dans bien des circonftances, à partager les plaifirs de fes contemporains qu'à s'en priver, ont permis le jeu, pourvu qu'on n'en fît pas fa principale affaire: ufez-en, difoit Cicéron, comme du fommeil, après avoir rempli vos devoirs (1). Plufieurs paffages de cet Auteur, prouvent qu'il rejetoit les jeux infeétés par le defir de l'argent. Qu'on les purge de ce levain, je les approuve auffi: je fais plus, je les confeille; mais avec des reftriétions.

ON riroit, aujourd'hui, des précautions d'une illuftre Romaine, qui avoit foin d'écarter fon jeune fils, toutes les fois qu'elle fe mettoit au jeu: croyez, difoit Pline le Jeune, qu'elle en ufoit ainfi, autant par refpeét pour les tendres années de ce fils

___

(1) *Ludo autem & joco uti illo quidem licet ; fed ficut fomno & quietibus ceteris, tum cum gravibus feriisque rebus fatisfecerimus.* De Offic. Lib. I, Cap. XXIX.

bien aimé, que par un effet de sa tendresse maternelle (1).

Puisque l'usage est de jouer, que vos jeux, dirois-je aux Parens, soient du moins l'image de la plus stricte probité (2) : je veux même qu'ils servent de leçons (3). *On peut*, disoit Plutarque, *profiter en riant, & rire en profitant* (4).

S'il vous arrivoit, ajouterois-je , de dissimuler en badinant un coup douteux, hâtez-vous de réparer cette imprudence, mais avec assez d'éclat & de gravité, pour que les jeunes spectateurs qui vous observent, soient eux-mêmes confus & troublés de vos excuses. Ils s'en souviendront ! c'est-là le vrai secret de leur inculquer de bonne heure, l'habitude des remords : de les rendre délicats, circonspects; de leur

---

(1) *Quod mihi non amore ejus magis facere, quam reverentiá videbatur.* Lib. VII, Epist. XXIV, §. 3.

(2) *In ipso joco aliquod probi ingenii lumen eluceat.* Cic. De Offic. Lib. I, Cap. XXIX.

(3) S. Jérome écrivoit à une jeune Dame Romaine : *Lusus ipse fit eruditio.* Epist. VII , ad Lætam.

(4) Propos de Table. *L. I, Quest. 4.*

D iv

apprendre, à ne jamais profiter des méprises & des distractions.

MONTAIGNE, loin de regarder le jeu
de simple amusement comme une chose in-
différente, déclare qu'il n'auroit pas voulu se permettre la moindre supercherie,
même lorsqu'il jouoit contre sa femme ou
sa fille.

IL savoit que l'exemple corrompt d'autant plus vîte, que le modèle est imposant.
Il s'applaudissoit d'avoir toujours dédaigné
les finesses : *Pourquoi*, disoit-il, *n'aurois-je
pas trompé aux Ecus, si j'avois trompé aux
Epingles* (1)?

IL reste à considérer comment les jeux
de Commerce ou de Société, s'altèrent &
deviennent insociables.

____

(1) Essais de MONT. Lib. I, Chap. XXII.

CHAPITRE XIII.

Que l'amour-propre suffit pour empoisonner les Jeux les plus désintéressés.

ON n'aime point à perdre à quelque jeu que ce soit : il en résulte des idées humiliantes, qui contredisent les opinions que l'on a de son adresse ou de son bonheur. M. de Voltaire ne pouvoit pas souffrir *le Père Adam*, lorsque celui-ci le gagnoit, soit aux Echecs, soit au Billard.

CANIUS JULIUS personnage Consulaire, injustement accusé d'avoir conspiré contre Caligula, jouoit aux Echecs lorsque le Centurion l'avertit de marcher au supplice. Son premier mouvement, fut de compter ses *Pièces* & de dire à son Adversaire : Au moins n'allez pas vous vanter après ma mort, que vous m'auriez gagné si j'avois eu le temps de finir la Partie ? Puis s'adressant au Satellite : vous déposerez que j'avois sur lui l'avantage d'une *Pièce*. Ne croyez pas, dit Sénèque, qu'il songeât à ſon jeu : il narguoit le Tyran (1). Si le ſang-froid de Canius fut d'un Héros, le propos qu'il tint fut d'un joueur très-ſuſceptible, & qui ſemble n'avoir obéi qu'à ſon caractère habituel.

IL en eſt dont le tempérament ne ſauroit, au jeu, ſoutenir la moindre concurrence : un homme doux, modeſte & généreux quoique ſavant & riche, diſoit à ſon meilleur ami : Nous ne jouons rien ou preſque rien, n'importe, je ne jouerai plus contre vous; je finirois par vous haïr.

CE n'eſt pas un petit jeu que de jouer de l'amour-propre ; & même, on ſe repent quelquefois du ſuccès. Un Seigneur Eſpagnol, après avoir gagné de ſuite pluſieurs Parties d'Echecs à Philippe II, de retour dans ſa maiſon dit à ſes enfans : Quittons la Cour; je connois le Roi, il ne me pardonnera jamais l'avantage que je viens d'avoir ſur lui (2).

PEU de gens reſſemblent aux Cyrus & aux Théodoric. Le premier de ces deux

____

(1) SENEC. *De Tranquill. animi.* Cap. XIV.

(2) L'Homme de Cour de GRACIAN. *Max. VII,* *Not.* 2.

Princes, se livroit de préférence aux jeux qui lui étoient les moins familiers : il rioit de sa défaite quand il étoit vaincu (1). Le second, encore plus délicat, n'étoit inquiet que du sort de ses Adversaires.

LA douceur de Théodoric & la sérénité de son visage, dit *Sidoine Apollinaire*, étoient inaltérables, excepté lorsqu'il gagnoit. Il éprouvoit alors de la contrainte : sa pudeur, se manifestoit par le silence. Mais il étoit plus à l'aise, il respiroit plus librement, quand il avoit manqué son coup. Jamais il ne se fâchoit, ajoute l'Historien : dans l'une & l'autre fortune, il montroit un sang-froid vraiment philosophique (2).

CONDUITE rare ! de la part de ceux devant qui tout fléchit, qui ne cèdent qu'en murmurant aux caprices du sort, & châtient les

____

(1) *Cyropédie de XÉNOPHON*, L. I. *Voyez* l'élégante Traduction de M. DACIER.

(2) *Regiam sequestrat tantisper severitatem, hortatur ad ludum, libertatem, communionemque ; dicam quid sentio : timet timeri, &c. In bonis jactibus tacet, in malis ridet ; in utrisque philosophatur.* SIDON. APOLLIN. Lib. I, Epist. II, pag. 6.

autres de leur propre maladreſſe. Un Prince Aſſyrien tua le fils de Gobryas à la chaſſe, parce que celui-ci avoit ſucceſſivement percé de ſes flèches, un Ours & un Lion que le Prince avoit manqués (1).

LES inconvéniens de l'amour-propre ſont de tous les temps : l'abus des jeux impropremenr appelés jeux de Société, n'appartient guère qu'à notre ſiècle.

CHAPITRE XIV.

Qu'il n'eſt rien de moins ſociable que nos Jeux de ſociété.

LES jeux où l'on riſque la moitié de ſon revenu dans une ſeule Partie, je ne les appelle pas jeux de Société quoiqu'ils en portent le nom : quant à ceux où l'on s'épuiſe lentement, par vanité ou par coutume, je dis que la condition, les moyens & les mœurs, excuſent ou condamnent quiconque ſe les permet. Ce qui eſt modération pour l'un, devient excès pour l'autre.

---

(1) Cyropédie.

L'Opulence, n'y compromet qu'un peu de superflu; elle n'y perd que du temps, dont elle feroit peut-être un plus mauvais usage: tandis que des familles dénuées de talens & presque réduites au simple nécessaire, y risquent tous les soirs la subsistance de plusieurs jours. Les moindres pertes souvent répétées, détruisent nécessairement & plus vîte qu'on ne le croit, les Maisons qui ne sauroient se soutenir que par l'économie.

Les besoins sont tels maintenant, que les frais du jeu seroient très-bornés pour les uns, & presque nuls pour les autres, si chacun ne risquoit que ce qu'il est en état de perdre. Les Riches donnent le ton : chacun s'y conforme, parce qu'on n'a pas la force de résister.

La mauvaise honte, n'est pas moins impérieuse que les mauvaises inclinations. Souvent on augmente son jeu, moins par avidité que par foiblesse : souvent , par égard pour des Patrons ingrats qui s'embarrassent fort peu du sort de leurs Cliens. « Celui qui veut se jouer & prendre son

» plaisir, disoit Plutarque, il faut par rai-
» son, ce me semble, qu'il en use avec ses
» compagnons, de manière que ceux-ci
» s'éjouissent du même passe-temps que
» lui ; & ne pas faire comme ces petits
» enfans qui jettent des pierres aux gre-
» nouilles, tandis qu'elles ne prennent
» point plaisir à ce jeu-là, d'autant qu'elles
» en meurent à bon escient, les pauvres
» bêtes (1) ! »

Si l'on avoit des principes & du caractère, on secoueroit le joug de tous ces
petits Tyrans mâles & femelles qui forcent
de *jouer leur jeu*, sans égard aux facultés
de leurs amis.

Une jeune femme pressoit un homme,
plus décent que fortuné, de faire sa Partie.
Celui-ci, qui savoit jusqu'où s'étendent les
bienséances, au lieu de lui demander *son
jeu*, lui déclara le sien : Fi donc, lui dit-
elle ! qui est-ce qui joue ce jeu-là ? Des

____

(1) Œuvres Morales de PLUTARQUE. Trad. d'AMYOT. *Quels animaux sont plus avisés, de ceux de la terre ou des eaux.*

Duchesses, répliqua-t-il. Cette femme, étoit la fille d'un Traitant.

Avec un peu de caractère, on remettroit chacun à sa place. On feroit sentir à ceux qui ne sauroient se passer de monde, qu'ils risquent d'en manquer quand ils sont trop exigeans.

Les Citoyens placés dans les Classes moyennes, & qui n'ayant point ou peu de superflu, en sont réduits à commercer entr'eux, doivent prendre garde à ces amorces journalières, qui forment & rompent tant de Cotteries tumultueuses, où l'humeur s'aigrit pour des riens : où des passions terribles fermentent pour un écu ; où les ligues & les bassesses, sont suivies de longues inimitiés, d'affronts irréparables (1); où des Matrones d'un extérieur austère, abusent tous les jours de l'inexpérience de la jeunesse, & profitent de l'inadvertance des vieillards.

____

(1) *Facilis est distinctio ingenui & illiberalis joci : alter est, si tempore fit, ac remisso animo, libero dignus ; alter ne homine quidem, si rerum turpitudini adhibetur verborum obscenitas.* Cic. De Offic. Lib. I, Cap. XXIX.

S'IL eſt vrai que dans un ſiècle avide & déſœuvré, le jeu de Société ou de Commerce ne tarde point à devenir l'une des occupations les plus ſérieuſes de la vie; qu'il abſorbe le temps, cette reſſource de l'indigence & ſon unique patrimoine; qu'il ſe rapproche inſenſiblement des jeux de pur haſard, par les diverſes modifications que lui font éprouver l'impatience & la cupidité des joueurs : s'il eſt vrai que le jeu, quel qu'il ſoit, ne diminue jamais, augmente toujours (1), on ne ſauroit trop s'en défier ſous quelque forme qu'il ſe préſente.

---

(2) Voyez le Chap. III de la ſeconde Partie, pag. 9.

CHAPITRE

CHAPITRE XV.

Des Femmes.

LES paſſions des deux ſexes, quoique diverſement organiſés, ſont les mêmes à quelques nuances près : ce qui les diſtingue, vient moins de la Nature que de l'Education.

PRESQUE tous les Anciens ont calomnié les femmes (1). Sénèque a réclamé : Gardez-vous, dit-il, de croire que leurs ames ſoient inférieures aux nôtres; qu'elles ſoient moins fécondes en vertus. Quand il s'agit de l'honnête, elles ont, n'en doutez pas, la même force, la même énergie (2).

UNE Etrangère étant à Lacédémone, fut ſurpriſe de l'égalité qui régnoit entre les Hommes & les Femmes : Ignorez-vous, lui dit l'Epouſe de Léonidas Roi de Sparte, que c'eſt nous qui mettons les hommes au

____

(1) Voyez entr'autres PLINE le Naturaliſte, *L. VII, Chap. XV*, & S. CHRYSOT. *Homélie II.*

(2) *Conſol. ad Marci.* §. 16.

Partie II.　　　　　　　　E

monde ? Ce ne font point les Pères, ce font les Mères qui forment en effet notre cœur.

Si nous les confidérons à d'autres égards, y a-t-il eu proportionnellement moins de femmes célèbres que d'hommes illuftres ? moins de grandes Reines que de grands Rois ? Comparez de part & d'autre les moyens, les circonftances : comptez les Règnes, & décidez.

Cette queftion, ne fut long-temps débattue que par des Oppreffeurs féroces ou imbécilles. On eut bien de la peine à fe délivrer des préjugés abfurdes, qui retenoient dans l'efclavage la plus belle moitié du Genre humain : qui la condamnoient à l'abjection, fous prétexte qu'elle eft effentiellement corrompue.

Vers la fin du XVe fiècle, un infenfé voulut prouver que les Femmes ne méri-toient pas feulement le titre de Créatures raifonnables (1). On s'adoucit en s'éclai-

____

(1) *Differtatio perjucunda quâ Anonymus probare nititur, mulieres non homines effe.*

rant : l'un prétendit qu'elles nous furpaf-
foient en méchanceté ; l'autre, qu'elles
étoient pires & meilleures que nous.

TOUT dépend de la manière de les
envifager : quant au moral, elles ne font
que ce que nous fommes ; généreufes ou
viles, felon que nous favons les élever
ou les abaiffer. Ceffons d'infulter à celles
par qui le monde s'embellit : leurs vices
n'excufent pas les nôtres. C'eft nous qui
les avons dépravées, en les affociant à des
excès qui répugnoient à leur délicateffe.

LA contagion, ne les a pas toutes in-
fectées : parmi les Plébéiennes & même
parmi les Nobles, plufieurs nous retracent
encore la modeftie & le courage de ces
antiques Républicaines, qui foutinrent, qui
fondèrent pour ainfi dire les mœurs de
leurs pays.

FEMMES vénérables ! dans quelque
rang que le Ciel vous ait placées, recevez
mon hommage : la douceur de vos ames
corrige l'âpreté des nôtres, en arrête la
fougue. Sans vos vertus, que ferions-nous ?
Sans toi, ô ma chère Compagne ! que

serois-je devenu ? Tu vis naître & mourir la fureur que je déteste : ce n'est point à moi, c'est à toi seule qu'il en faut attribuer la victoire.

QUI sait mieux qu'elles, nous rappeler à nos devoirs ? nous inspirer des sentimens profonds, & convenables aux situations critiques ? Qui sait mieux puiser au sein de la Nature cette éloquence muette, à laquelle néanmoins rien ne peut résister ?

LE temps présent, m'en fournit un exemple mémorable. Pour simplifier les signes de la perte & du gain, pour n'être plus accablés sous le poids de l'or & de l'argent, nos joueurs portent la représentation de leurs fortunes, dans des Boîtes plus ou moins élégantes. Une Femme, quel autre auroit pu l'imaginer ? une Femme tremblant sur le sort de son Epoux, lui fit présent de l'une de ces fatales Boîtes. Ce petit chef-d'œuvre de la tendresse conjugale & maternelle, représentoit une Epouse suppliante & des Enfans éplorés, qui sembloient dire à leur Père : Songez à nous !

POUR venger les Femmes honnêtes, je vais parler des autres, de celles qui dérogent à leur sexe.

CHAPITRE XVI.

Des Joueuses.

ON ne voyoit point de joueuses chez les Grecs. Les Dames Romaines, occupées du soin de leurs Maisons, n'avoient pas le temps de jouer. Auguste ne portoit guère que des vêtemens tissus par son épouse, sa sœur, sa fille & ses petites-filles (1).

QUOIQUE très-corrompues sous Néron & ses pareils, les Femmes ne jouoient entr'elles, que pendant les mystères de la Bonne Déesse. Ces Fêtes si souvent profanées par la lubricité, ne l'ont jamais été par la fureur du jeu. Les plus dépravées s'en abstenoient, lors même que cette manie étoit portée à son plus haut degré,

---

(1) *Veste non temerè alia quam domestica usus est, ab uxore & filia neptibusque confecta.* SUET. August. Cap. LXXIII.

non-seulement autour du Capitole, mais encore dans le reste de l'Empire. Les Auteurs contemporains qui ne les ont point épargnées, ne leur ont jamais reproché ce vice, usurpé de nos jours par des Femmes dont les débordemens le disputent à ceux de Messaline.

ELLES ne s'arrogeoient pas autrefois le titre d'honnête homme, pour remplacer celui d'honnête femme. Avant que les Cartes fussent inventées, les Françoises actives & laborieuses, se dévouoient à l'éducation de leurs enfans. S'il restoit du temps, elles l'employoient à des travaux faciles, égayés par les chansons & par les jeux innocens de la famille rassemblée.

IL n'y a pas long-temps encore que les Femmes, excepté les plus scandaleuses, ne partageoient pas tous les vices des Hommes. Elles se cachoient pour jouer: quand le Public en étoit informé, il les notoit.

ON fit justice de celles qui jouoient secrettement le plus gros-jeu, chez l'Epouse du Surintendant Fouquet (1) , tandis que celui-ci cherchoit ailleurs , des gains plus sûrs & plus confidérables (2). Alors , on citoit une joueufe avec autant d'horreur que de mépris : *Celles-là,* difoit La Bruyère, *nous rendent chaftes , & n'ont du fexe que les habits.*

LES joueufes font aujourd'hui fi communes , qu'elles font peu de fenfation, fur-tout parmi les Riches. Cette claffe de Citoyennes , en général peu recommandable (3), n'a jamais fourni tant de vieilles Mégères , tant de jeunes Furies , toutes non moins ardentes & plus fufpectes que les joueurs décidés.

UN Etranger jouoit fur le jeu d'une Femme, qui fe fit payer *une Carte perdante* : on voulut auffi payer l'autre , par égard pour cette Femme. L'Etranger, fe doutant du myftère, dit en rougiffant au *Banquier* : Il peut fe faire que Madame ait gagné ;

____

(1) Mémoires de GOURVILLE , Tom I , pag. 253.
(2) *Voyez* le Chap. XL de la première Partie , p. 229.
(3) *Intolerabilius nihil eft quam fœmina dives.*
JUV. Sat. VI, v. 459.
E iv

mais, moi, je fuis bien sûr d'avoir perdu.

QUOIQUE joueufes infidèles, elles perdent néanmoins : quand il faut payer, tout le monde ne s'accommode pas de leurs équivalens. Ce font elles qui tendent les pièges, provoquent les hommes, raniment le jeu.

LES mœurs y gagneront peut-être : qu'il me foit permis de dénoncer ces joueufes impitoyables, qui déteftant leur fécondité, tantôt font languir dans les cloîtres, tantôt avorter dans la misère, les fruits de leur Hymen.

LE plus fouvent, réduites à la mendicité, plufieurs font *à l'aumône de leurs Paroiffes*, & n'en rifquent pas moins le pain des Pauvres.

TELLES que cette Romaine qui renonçant à fes illuftres aïeux, fe fit infcrire fur le regiftre des courtifannes pour fe fouftraire à la *Cenfure* (1), il en eft chez

______

(1) *Viftilia prætoria familia genita, licentiam ftupri apud ædiles vulgaverat ; more inter veteres recepto, qui fatis pœnarum adverfum impudicas in ipfa profeffione flagitii credebant.* TACIT. Ann. L. II, §. 85.

nous qui implorent la funeste grace , de pouvoir impunément exercer le plus vil des métiers , celui de donner à jouer. C'est alors qu'elles rappellent leurs filles, pour les exposer , les vendre & les prostituer.

UNE femme, qui n'en étoit pas venue tout-à-fait à ce comble d'opprobre, disoit à sa fille : A votre âge & avec vos rapports , le jeu devroit abondamment fournir à votre entretien.

VOUS nous débitez, dira-t-on, des horreurs chimériques : plût à Dieu qu'elles le fussent! Loin de me taxer d'hyperbole, on devroit me trouver fort au dessous de mon sujet : tandis que je travaille sur le passé , le présent m'échappe , & le mal s'accroît à mon insu.

S'IL est vrai que le premier besoin des Femmes soit de dominer, je les avertis qu'il est temps d'employer d'autres moyens que le luxe, la licence & le jeu. Déja le célibat en honneur, déja l'inconstance de leurs amans , l'indignation de leurs époux, le mépris des gens sensés, marquent

aſſez le déclin de leur Empire, & les me-
nacent de leur ancienne ſervitude. Ne
fût-ce que par politique, qu'elles eſſayent
enfin de régner par les mœurs. Qui leur
fera goûter ce beau projet, quand *Thomas*
lui-même ne les a pas perſuadées (1) ?

SOUVERAINES dans leurs maiſons,
qu'elles commencent par en bannir les
paſſions triſtes qui les conſument ſans plaiſir, qui les font vieillir avant le temps.
Que les plus notables donnent l'exemple.
S'il étoit du bon ton de s'abſtenir du jeu,
la mode en viendroit peut-être. On joueroit cependant : mais en ſecret, ou dans
des Tripots ſubordonnés à l'inſpection de
la Police.

JE n'ai fait juſqu'à préſent, que diſſerter
ſur la paſſion du jeu : il eſt temps d'en
raſſembler les traits les plus frappans.

------

(1) Voyez l'*Eſſai ſur le Caractère, les Mœurs &
l'Eſprit des Femmes dans les différens ſiècles*, par
M. THOMAS.

CHAPITRE XVII.

Exiſtence des Joueurs, pendant l'intervalle des ſéances.

QUE veut-il prouver, ſe dira-t-on? qu'il faut craindre le jeu, s'en abſtenir & le défendre? on le ſavoit déja. Ce qui n'eſt que mal eſt ſi ſimple, que ce n'eſt pas la peine d'en parler. Quand on écrit, & ſur-tout de nos jours, *il faut du neuf.*

QUOIQUE tous les mobiles de l'humanité, répondrai-je, ſoient connus depuis long-temps, quoique la Morale n'offre plus de vérités nouvelles, il ne faut pas ſe figurer que l'Edifice des mœurs ſoit achevé. Tant qu'il y aura des hommes, on y travaillera : les générations futures le détruiront plus d'une fois, & le reconſtruiront avec les mêmes matériaux. Ce qui ſera toujours *neuf*, ce ſera l'uſage des maximes anciennes, & l'emploi de la Science acquiſe.

LES joueurs de profeſſion, ai-je dit,

ne peuvent être que des fots, des furieux ou des fourbes (1) : je n'en ai guère montré que la fottife, tâchons d'en peindre la fureur.

MÉNAGE connoiffoit un joueur qui de fon propre aveu, n'avoit jamais vu, du logis qu'il occupoit, que la Lune fur l'horizon (2). Saint-Evremond écrivoit au Comte de Grammont : Vous jouez du matin au foir, ou, fi vous l'aimez mieux, du foir au matin (3).

TOUS les rayons du cercle de leur vie, aboutiffent au jeu : c'eft à ce centre unique, qu'ils rapportent leur exiftence. Pas une heure de calme ni de férénité. Le jour, ils le paffent à defirer la nuit : la nuit, à craindre le retour de la lumière.

CETTE manie étant compofée de folie & de rage, je fuis contraint de mêler quelques traits grotefques à des récits lamentables.

---

(1) *Voyez* Chap. XXIII, première Partie, pag. 141.
(2) *Menagiana*, Tom. I, pag. 201.
(3) Œuvres de SAINT-EVREM. Tom. I, pag. 184.

Toujours préoccupés, les joueurs font fujets à des abfences ridicules. Plufieurs dans leur ivreffe, tels que ce Prince qui auroit oublié fa qualité d'Empereur, fi de temps en temps on n'avoit pas eu foin de la lui rappeler (1): plufieurs, ne fe font pas reffouvenus qu'ils étoient Epoux & Pères. On parloit d'une Taxe projetée contre les Célibataires : Je fuis ruiné, s'écria un homme abforbé par l'idée du jeu. Y fongez-vous, lui répliqua-t-on? vous avez femme & cinq enfans.

Une Dévote s'accufoit d'aimer trop le jeu: Ah! Madame, lui dit fon Directeur, que de temps perdu à mêler les Cartes! — Cela eft vrai, mais il faut les mêler. Que la Partie étoit belle, difoit un autre, que le jeu alloit bien certain foir à dix heures du matin! & tant d'autres délires, dont on ne rit que de pitié.

Hors du jeu, ils ne s'entretiennent que de coups extraordinaires, que de gran-

-----

(1) *Tanta torpedo invaferat animum* Vitellii *, ut fi principem eum fuiffe non meminiffent, ipfe oblivifceretur.* Tacit. Hift. Lib. III, §. 63.

des révolutions; & se passionnent d'autant plus, qu'ils croient deviner le secret de la fortune, à mesure qu'ils en racontent les caprices (1). Si la moitié des circonstances frivoles dont leurs têtes sont meublées, se convertissoient en faits intéressans, la plupart seroient des Erudits.

LE merveilleux s'en mêle : à chaque récit singulier, succède un récit plus étonnant encore. On invente, pour ne pas rester court. Vous en êtes à votre cinquième million, disois-je à l'un de ces Renchérisseurs, qui n'avoit jamais été en état de perdre cent pistoles. Plus bavards que menteurs, cette loquacité prolonge leurs sensations, les tient en haleine.

AINSI préparés & brûlant de courir de nouveaux hasards, ils regardent comme perdu tout le temps qui s'écoule jusqu'à ce qu'ils recommencent. C'est à regret qu'ils voient luire le soleil : s'ils en pouvoient précipiter la course, leurs années

______

(1) *Læti præsentibus & inanium spe.* TACIT.

fe reduiroient à des inftans. Ils dépériffent lorfqu'ils attendent (1).

LA nuit arrive : une Époufe délaiffée malgré fes prières & fes larmes, tremble que l'Aurore, au retour de fon Époux, n'éclaire la ruine totale de fes enfans, nés & nourris dans l'abondance.

L'UNE de ces infortunées, vint, la mort dans les yeux, chercher fon mari qui jouoit depuis deux jours. Laiffez-moi, s'écria-t-il, encore un moment, encore un inftant : je vous reverrai peut-être..... après demain. Le malheureux ! il arriva plus tôt qu'il ne l'avoit promis. Sa femme étoit couchée, tenant à la mamelle le dernier de fes fils : *Levez - vous, Madame, levez-vous,* lui dit-il, *le lit où vous êtes ne nous appartient plus.*

QUAND ils ont des fuccès, ils en jouiffent ailleurs : chez eux, ils n'y rapportent que de la confternation.

---

(1) *Et qua non gravior mortalibus addita cura
    Spes ubi longa venit.*
        PAPIN. STAT. Thebaïd. Lib. III, v. 233.

N'EST-IL pas poſſible d'arrêter un fu-rieux, qui court à ſa perte évidente ? Non : pour les retenir, il les faut enchaîner.

J'EN vis un dans ma jeuneſſe, qui ve-noit de s'échapper du lit de ſon Épouſe, endormie ſur la foi de ſes ſermens. Il arrive au jeu, & perd ce qu'il avoit pu ramaſſer à la hâte. Il veut emprunter, on le refuſe : il ſupplie, on le refuſe encore. Il diſparoît. Sa femme avoit pris la précau-tion de barrer de ſon lit, le ſecrétaire qui contenoit leurs dernières reſſources. Vain obſtacle ! il en vint à bout, ſans la réveil-ler : rapporta deux-mille écus, pour pren-dre ſa revanche ; & ſubit, cette ſeconde fois, le même ſort que la première.

POURQUOI tant de peines ? pour de fauſſes joies, & de vrais malheurs (1). Per-dre d'abord au-delà de ſes moyens, violer enſuite les dépôts, fruſtrer de pauvres créanciers : quand il reſte encore quelques ſemences d'un faux honneur, ſe tenir prêt à commettre deux crimes au lieu d'un, à

------

(1) *Spes & præmia in ambiguo ; certa funera & luctus.* TACIT. Hiſt. Lib. II, §. 45.

ſe

se donner la mort après le parjure ; c'est à quoi cette frénésie les conduit tous les jours.

JE dis tous les jours : il ne s'en passe guère où je n'apprenne ce qui feroit trembler, si j'avois le courage de l'écrire, & que l'on eût celui de le permettre.

TRANSPORTONS - NOUS au fort de ces séances, où l'on voit, d'un coup d'œil, ce que l'imagination ne sauroit supposer.

CHAPITRE XVIII.

Joueurs en action.

TANT qu'ils prospèrent on les accueille ; l'opulence les recherche & ne sauroit s'en passer : aussitôt délaissés que ruinés, leurs disgraces ne corrigent personne ; les Cercles n'en sont pas moins nombreux.

DONNER une Fête, ce n'est plus que donner à jouer : c'est, après bien des tortures, livrer des victimes au désespoir ; & causer souvent plus de maux en un seul jour, qu'un demi - siècle n'en pourroit amener, selon le cours des viciſſitudes humaines.

JE viens de revoir ces turbulentes Aſ-
ſemblées (1), où le plaiſir ſert de prétexte à la cupidité. Si je n'avois pas été
auſſi ſûr de mes réſolutions que de l'eſprit
qui m'animoit, je me ſerois bien gardé
de me mettre à de telles épreuves : je
n'aurois pas eu la cruauté, de contempler
à loiſir la détreſſe de mes ſemblables.

JE friſſonnois au ſeul aſpect de la foule
pâle, muette & tremblante, qui attendoit
ſon arrêt. Tels & moins dignes de pitié que
ces Gladiateurs que l'on forçoit, jadis, à ſe
battre un bandeau ſur les yeux, ces inſen-
ſés, ſuſpendus à la roue de fortune qui les
agitoit en ſens contraire, me forçoient
néanmoins de compâtir à leur miſérable
ſort.

TOUT les gênoit, tout les bleſſoit : ils
étoient ſans jugement, ſans prévoyance.
Comme ces Ambitieux dont le dernier
ſoupir eſt un nouveau projet, ils ſe déſo-

____

(1) On a vu dans le Chapitre VI de cette ſeconde
Partie, les préliminaires des ſéances de jeu.

loient ou fe félicitoient, fans fonger feulement à la dernière cataftrophe. Quelle différence, s'ils faifoient pour l'honneur, la moitié de ce qu'ils font pour l'argent !

J'AI fouvent attendu jufqu'au lever du foleil, le dénouement de ces Drames terribles & trop pleins de vérité. Que l'art eft loin d'imiter ce flux & ce reflux de mouvemens oppofés ! ces fecouffes, ces tranfes, ces caractères de l'efpérance & de la crainte, variés à l'infini fur les figures non-feulement des Acteurs, mais encore des fimples Spectateurs. Tout cela n'eft rien, en comparaifon des angoiffes fecrettes : c'eft dans le cœur, que gronde la tempête.

DEUX joueurs manifeftoient leur rage, l'un par un morne filence, l'autre par des imprécations redoublées. Celui-ci, choqué du fang-froid de fon Voifin, lui reproche d'endurer, fans fe plaindre, des revers coup fur coup multipliés : Tiens, répond l'autre, regarde..... Il s'étoit déchiré la poitrine, & lui en montroit des lambeaux fanglans.

F ij

CE n'eſt qu'au jeu que l'on voit, d'un inſtant à l'autre, toutes les faces du déſeſpoir : de temps en temps, il en ſurvient de nouvelles qui ſont étranges, bizarres ou terribles.

APRÈS avoir perdu tranquillement & même avec ſérénité la moitié de ſa fortune, un Père de famille joua le reſte, le perdit ſans murmurer (1). On le regarde, ſa figure ne change point : on s'apperçoit ſeulement qu'elle devient immobile. Cet homme, vivoit à ſon inſu. Deux ruiſſeaux de larmes s'échappent de ſes yeux , & toujours ſans que ſes traits en ſoient altérés. Il ne parut, d'abord, que ridicule. Je ne ſais quelles idées *cette Statue pleurante* , réveilla tout-à-coup dans l'ame des Spectateurs : quoique joueurs, ils finirent tous par être ſaiſis de terreur & de pitié.

A Bayonne, en 1725, un Capitaine du Régiment d'Auvergne ayant introduit de force dans ſa bouche une *Bille de Billard*,

____

(1) *Facere ſolent extrema ſecuros mala.*

SENEC. Tragic.

les dents se resserrèrent, la respiration fut long-temps interceptée , & les Chirurgiens eurent bien de la peine à le délivrer de cette Bille qui l'étouffoit (1).

Comme le chien qui mord la pierre qu'on lui jette, ils s'en prennent à tout: mangent les Cartes, brisent les Dez , rompent les meubles, & se frappent eux-mêmes (2). J'ai vu mâcher une bougie ardente & l'avaler. Un furieux, à Naples, mordit la Table avec tant de violence, que les dents entrèrent fort avant dans le bois: il y resta cloué, sans chaleur & sans vie (3).

Quelques-uns, à la fin de la séance, ne savent plus ce qu'ils font ni ce qu'ils disent. M. de Créqui, depuis Duc de Lesdiguières, sortant du jeu de Henri IV où il avoit beaucoup perdu, rencontra M. de

_____

(1) M. le Comte D * * *, Lieutenant général des armées du Roi , m'a raconté ce fait dont il a été témoin oculaire.

(2) Voyez *Les Saturnales* de Lucien.

(3) Les Joueurs prirent la fuite, la Justice se transporta sur le lieu , & le Cadavre fut privé de la sépulture ordinaire. *Gazette de Deux-Ponts , du 26 novembre* 1772.

Guise dans la cour du Château : « *Mon*
» *ami*, lui dit-il, *où sont assises les Gar-*
» *des aujourd'hui ?* M. de Guise se retirant
» en arrière : Vous m'excuserez, Mon-
» sieur, je ne suis pas de ce pays-ci ; &
» sur-le-champ, alla trouver le Roi *qu'il*
» *en fit bien rire* (1). »

-----

(1) Mémoires pour servir à l'Histoire de France.

CHAPITRE XIX.

Suite du précédent.

CE qui convient à toutes les paſſions, n'en caractériſe aucune. Qu'un joueur ſe ſoit empoiſonné par les yeux, en voyant ſa perte écrite ſur les Cartes qu'il tenoit entre ſes mains ; qu'en les regardant il ait rendu le dernier ſoupir : ce trait, atteſté par un Auteur contemporain (1), offre

---

(1) « L'Angoumois nous a fournis de deux abomi-
» nables Monſtres en cette année : de Ravaillac &
» du nommé Pennichon natif de Perſennac , lequel
» étant Priſonnier en la *Conciergerie* au mois de
» ſeptembre dernier 1610, y mourut d'une mort mer-
» veilleuſement ſubite. Il ne pouvoit s'engarder de
» jouer : ayant un jour perdu ſon argent , il fit d'af-
» freuſes imprécations ſur ſon corps & ſur ſon ame ,
» en ce que jamais il ne jouât aux Cartes.

» Nonobſtant, peu de jours après il ſe remit à jouer
» avec ceux de ſa chambre , & ſur une diſpute pour
» *écarter* il recommença ſes exécrables juremens ,
» dont un de la compagnie lui ayant dit qu'il devoit
» craindre la juſtice Divine , il recommença de plus
» fort à jurer, & fit tant qu'il fallut *refaire*. Mais auſſi-
» tôt que trois autres Cartes lui eurent été données ,
» il les mit dans ſon chapeau qu'il tenoit renverſé
» devant lui , & voulant les y regarder , ayant les

l'exemple d'une forte de défefpoir qui n'appartient qu'à la fureur du jeu , & la fait mieux connoître que tant de fuicides, tant de meurtres, fi fouvent renouvelés par l'amour, l'ambition & la colère.

LES paffions extrêmes fi prodigues de la vie, ne le font pas également de ce qui doit la rendre chère & honorable. La frénéfie du jeu n'excepte rien : le peut-elle ? Hélas ! que devient l'ame dans ces féances orageufes, où battue de toutes parts (1), elle n'obéit plus qu'à des impulfions foudaines ? Croyez-vous qu'un joueur, foit alors le maître de s'arrêter ? dites donc à celui qui, les yeux fermés, fe précipite dans un abyme, dites-lui de s'arrêter au milieu de fa chute !

J'ÉTOIS en tiers, dans la fcène fui-

» deux bras accoudés fur la Table , & fa face pen-
» chée dedans, il y rendit l'ame fi fubitement, qu'un
» lui ayant dit : jouez donc, & l'ayant pouffé du coude
» penfant qu'il fût endormi, il tomba tout roide mort
» fur le plancher. » *Mercure François*, *Tom. I*, *année*
1610 , *pag. 512.*

(1) Cinq ou fix vents impétueux, dit le Miniftre
LAPLACETTE, foufflent fur le joueur & le balottent
tour-à-tour.

vante. Un jeune homme de qualité, plein d'honneur & de bravoure, fut tellement bouleverfé par un coup, il eft vrai très-fatal, qu'il devint méconnoiffable. Il fe lève, & d'un air furieux, égaré, regardant fon camarade: Que m'importe ! lui dit-il, je ne te dois rien. Il achevoit à peine : déja, les larmes du remords couloient fur fon ami, qu'il tenoit entre fes bras. Ne crains rien, ajouta-t-il, fi j'avois joué mon fang contre toi, je le verferois tout à l'heure à tes pieds : tu me connois, & le fais bien ! Heureufement, que le cri de l'honneur fe fit entendre affez tôt : combien d'autres reftent fourds à fa voix, fur-tout quand elle eft foible & déja fatiguée !

Je craindrois de fouiller ma plume, de révolter mes Lecteurs, fi j'infiftois davantage. C'eft aux Greffes criminels, à s'expliquer fur cet article.

Pour feconder les falutaires intentions de notre Roi Charles V (1), le Prévôt de

______

(1) *Voyez* première Partie, Chap. IV, pag. 24.

Paris, en 1397, rendit une Ordonnance, dans laquelle il déclaroit qu'en interrogeant les Criminels, il avoit découvert que la plupart des crimes venoient du jeu (1). Les Tripots & les Loteries, n'exiſtoient pas encore.

LORSQUE le Parlement, en dernier lieu, vouloit ſupprimer les jeux de haſard, j'ai ouï dire à l'un de nos plus anciens Magiſtrats, que l'on frémiroit ſi l'on ſavoit, comme lui, ce que l'adverſité ſubite peut faire d'un homme avide, fantaſque, violent : d'un homme dépourvu de talens, de principes, & qui ſe réveille au ſein de la miſère (2). Eh bien ! ajoutoit-il, ce réveil, depuis quelques années, a lieu tous les jours dans plus de cent familles.

IL conviendroit, aujourd'hui, d'envoyer tous les matins ſavoir ſi les gens ſont ruinés, comme on s'informe de leur état quand on les ſait malades.

______

(1) Ordonnance du Prévôt de Paris, du 2 janvier 1397.

(2) *Magnum pauperies opprobrium, jubet Quidvis & facere & pati.*
HORAT. Carmin. Lib. III, Od. XXIV, v. 42.

JE conferve comme pièces juftificatives de tout ce que j'ai affirmé, tant fur les caractères de la fureur du jeu que fur fes effets, les relations qui m'ont été envoyées de Lyon, de Marfeille, de Nantes, de Bordeaux, &c : j'en ai même reçu de nos poffeffions Américaines, où la chaleur du climat femble augmenter cette rage, qui vient de caufer, à la Guadeloupe, la mort de cinquante perfonnes (1).

ON reproche à plufieurs Ecrivains, de s'être trop complus dans la peinture du vice : s'ils n'en ont montré que les côtés féduifans, ce font des corrupteurs; s'ils n'en ont exprimé que la difformité (2), ce font les vrais amis du genre humain.

RETOURNONS au jeu : ce que j'en dirai, ne fera que la conféquence de mes premières obfervations.

---

(1) Cette cataftrophe récente, commença par un affaffinat & finit par une émeute.

(2) *Pour moi*, difoit MONTAIGNE, *je m'inftruis mieux par contrariété que par fimilitude, & par fuite que par fuite.*

CHAPITRE XX.

Viciſſitudes du Jeu.

QUAND la balance du ſort commençoit à pencher, j'obſervois que le joueur hardi dans la perte, devenoit timide dans le gain : comme ſi l'un méritoit plus d'égards que l'autre ; comme s'il y avoit la moindre proportion, entre le néceſſaire & le ſuperflu.

JE remarquois encore, que le *Gagnant* redoubloit de prudence & de ſang-froid, à meſure que ſon Adverſaire, le cœur briſé, perdoit la tête (1) : il profitoit de ſa foibleſſe, lui faiſoit la loi, en exigeoit de nouveaux avantages.

UNE révolution changeoit la ſcène : celui qui gémiſſoit, faiſoit gémir à ſon tour ; & ce qu'il venoit d'éprouver, étoit perdu pour la commiſération. Il reſſembloit à ce Préfet Romain, qui étoit, dit

____

(1) *Sunt molles in calamitate mortalium animi.* TACIT. Ann. Lib. IV, §. 68.

Tacite, d'autant plus impitoyable, qu'on l'avoit, dans sa jeunesse, traité plus durement (1).

La joie qu'il ressentoit d'avoir recouvré son argent, ne le rendoit que plus altéré de l'argent d'autrui. Un homme opulent perdoit cent-mille écus, & vouloit quitter le jeu pour aller vendre sa Terre qui valoit le double. Pourquoi la vendre, lui dit son Adversaire? jouons le reste. La fortune changea, *le Perdant* ruina l'autre.

Quelquefois aussi, l'avidité se méprenoit. Plusieurs, pour gagner davantage, ont tout perdu contre des gens qui n'avoient plus que leur parole.

Au fort d'un Hiver rigoureux, un joueur voyoit, en pâlissant, le fond de sa bourse. Il se mouroit de froid & de regret. Ne pouvant pas se résoudre à quitter la Partie, car les joueurs blessés à mort sont les plus opiniâtres : *Va me chercher*

______

(1) *Rufus diu manipularis, dein Centurio, mox Castris Præfectus, antiquam duramque militiam revocabat vetus operis ac laboris, & eo immitior quia toleraverat.* Ann. Lib. I, Cap. XXI.

le grand ſac, dit-il à ſon Valet. Ces mots proférés ſans deſſein, réveillèrent la cupidité de ceux qui ne vouloient plus jouer contre lui : furent cauſe, qu'il regagna le triple de ce qu'il avoit perdu. Alors arriva *le grand ſac : c'étoit un ſac de peau d'ours.*

BEAUCOUP de choſes manquent de noms. Je ne ſaurois exprimer le moment ſuprême, où le joueur triomphant ſe lève & ſe retire : figurez - vous un coup de foudre.

CINQUANTE perſonnes des plus riches, des plus titrées de la France & dans la fleur de l'âge, étoient aux priſes lorſque le bruit d'une chaiſe de poſte ſe fit entendre en plein minuit. Un nouvel Acteur s'élance. On s'empreſſe à lui faire les honneurs de la Partie. Il *prend la main*, étale mille *Louis*, les multiplie pluſieurs fois de ſuite. Voyant les *Pontes* aux abois, il appelle ſes Gens, fait enlever ſon or, & s'évade ſans proférer un ſeul mot.

QUE l'on ſe repréſente la contenance des joueurs, abandonnés après ce coup de main ! de ces joueurs, qui auroient volontiers rifqué leur vie, pour avoir une *Chance* de plus. Ils fe regardoient l'un l'autre : chacun fe fouilloit en filence. Tâchant d'alimenter le jeu, ils tiroient de leurs doigts & de leurs poches, des Bijoux, des monnoies étrangères ou de rebut, & qui n'ont cours au jeu qu'à la dernière extrémité : tout paffe alors, pourvu que l'on croie que c'eft de l'or ou de l'argent. Ils s'acharnoient fur de miférables débris, comme dans les temps de famine on fe difpute les plus vils alimens.

A P R È S un combat fingulier, la haine expire entre les deux rivaux : le Vainqueur, tend la main au Vaincu. Il n'en eft pas de même, après cet odieux conflit : le duel du jeu, furvit à la perte des biens.

C E L U I qui fuccombe, a beau chercher fur le front de fon Adverfaire, le moindre figne de compaffion ou de générofité ; il n'y lit que ces mots : Point de grace, point de délai, il faut payer. Eh ! le puis-je ? s'écrioit un Italien : tue - moi, Barbare, je n'ai que ma vie & te la donne.

Paie d'abord, répond l'autre, je te tue-
rai enfuite. L'effet ne fuit pas toujours
la menace : ils font grand bruit, mais un
rien les diftrait.

UN joueur vouloit fe battre : faute de
concurrens, il s'endormit. Deux heures
après, un autre forcené le fomma de fa
parole : Prends ma place, lui dit-il, dors
comme moi, & nous verrons (1).

____

(1) « RABELAIS, *L. III, Chap. XLII felon les plus*
» *anciennes Editions, & XL felon les nouvelles,* pour
» montrer qu'il eft bon de dormir fur fa colère, dit
» qu'un foldat Gafcon vouloit fe battre contre le pre-
» mier de fes compagnons qui fe préfenteroit, &c.
» *Voyez* encore l'ARETIN dans fon *Dialogo del*
» *Gruoco.* » *Menagiana, Tom. II, pag.* 194.

CHAPITRE

CHAPITRE XXI.

Du lendemain de la Séance.

QUAND on se battroit, quand on se tueroit ? l'effusion du sang & la mort même, sont moins funestes que de manquer à sa parole. Il faut payer; il le faut, sous peine d'infamie. — Quand? — Demain.

L'HORRIBLE situation ! C'est-là que commence un nouveau genre de supplice. Tant qu'il est en action, le joueur espère : il joue du moins, il lutte & s'étourdit. Rendu à lui-même, les furies le saisissent : l'honneur réclame ; & ne lui laisse pour s'acquitter, que le terme prescrit par l'usage, plus absolu que les Lois & la Raison. Ce terme rigoureux, il faut qu'on le sache, finit au bout de vingt-quatre heures.

IL faut payer ou se bannir: ceux même qui ne jouent point l'ont décidé. Les bons procédés, ne viennent que des rapports naturels & légitimes : ici, c'est un état

Partie II.　　　　　　　　G

de guerre invétéré, qui rejette le droit des gens.

S A N S reſſource & ſans crédit, le joueur ne ſait le plus ſouvent à qui recourir. Ses amis lui deviennent ſuſpects. Il ſe croit ſeul dans l'univers : que dis-je ? il y voit ſon créancier !

L E fils d'un homme riche ſe déſeſpéroit en pareil cas : il demanda une table, il écrivit vingt lettres & les déchira toutes. *Feu M. votre Père*, lui dit un ancien Domeſtique qui l'avoit élevé, *n'écrivoit ſur cette table que pour donner quittance*. On négocia : Rien ne preſſe, dit l'Adverſaire de ce jeune homme, pourvu que je ſois payé demain avant midi.

C E qui achève de les confondre, c'eſt qu'ils ne ſe croient plus dignes d'exciter le moindre intérêt : ils ſe rendent juſtice. Que vouloient-ils ? la ruine de ceux dont ils ſe plaignent : ils méritent de ſubir le même ſort. En tombant dans l'opprobre, la plupart ne font que deſcendre à leur place.

CHAPITRE XXII.

Du danger de prendre son Tout.

Vous qui débutez dans le monde, & que je ne confonds point avec les joueurs de profeffion, défiez - vous de la marche du hafard : fachez que l'envie de réparer un premier dommage , en attire d'autres qui font à la fin irréparables (1).

Quelque riche que l'on foit , il eft rare que l'on ne s'expédie pas prompte-ment , quand on ne ceffe de prendre fon *Tout* : la progreffion devient immenfe en peu de coups. *Tout*, eft l'écueil invifible où vont échouer tour-à-tour, fur-tout les joueurs novices. *Tout*, eft le grand mot du jeu , c'en eft le plus facré : malheur à quiconque en a contracté l'habitude , à quiconque le profère par mégarde ou même en badinant.

----

(1) . . *Ne perdiderit non ceffat perdere Lufor ;*
Et revocat cupidas alea fæpe manus.
Ovid. De Art. Amand. Lib. I, v. 451.

G ij

UN homme, enivré de son gain, sort d'une maison de jeu pour rentrer dans une autre. On l'annonce : Je suis comblé, s'écrie-t-il ; mes poches sont pleines d'or ; *Pair ou non ? Non*, dit quelqu'un. Il fallut compter : cet énorme gain appartint à celui qui avoit pris l'autre au mot, car ce mot est irrévocable.

CALLISTRATE, Orateur Athénien, disoit que les jeux où les *Perdans* ne cessent de jouer le double, ressemblent à ces guerres renaissantes, qui ne finissent que par l'extinction des combattans (1).

LE Père de famille qui m'aura bien compris, tremblera moins désormais sur le sort d'un fils unique affrontant la mort dans les combats, ou voguant à travers les flots d'une mer agitée, il tremblera moins, vous dis-je, que s'il le savoit plongé dans le bourbier du jeu.

----

(1) XÉNOPH. Hist. Græc. Lib. VI, Cap. III, §. 6.

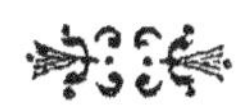

CHAPITRE XXIII.

Ivreſſe du Gain.

QUAND le mérite procure, à l'impro-viſte, de grands honneurs ou de grandes richeſſes, on peut d'abord en être trop ému : mais la conſcience que l'on a de ſoi-même, de ſes intentions, diminue la ſurpriſe, rétablit le calme, & fait que l'on ſe trouve bientôt au niveau de ſon nouvel état.

CE qui trouble l'eſprit, ce qui gâte le cœur, c'eſt lorſque la Fortune bizarre comble ſubitement des hommes avides & téméraires, qui s'admirent d'autant plus qu'ils comprennent moins le myſtère de leur proſpérité. Ceux-là veulent jouir, & ne ſavent comment : ils s'informent, ils s'eſſayent ; & finiſſent, après avoir été dupés, par retomber dans leur premier néant.

ON a déja vu de quelle manière les fortunes ſubites, & purement émanées du haſard, influoient ſur les mœurs : voyons quelle en eſt la puiſſance ſur l'imagina-tion.

LES proſpérités ſoudaines, ont proportionnellement dérangé plus de têtes, ont tué plus de monde, que les revers & le chagrin ; ſoit, parce qu'on doute plus long-temps de ſon infortune que de ſon bonheur ; ſoit, parce que l'inſtinct de notre conſervation nous fait, dans l'adverſité, chercher des reſſources qui ralentiſſent le déſeſpoir : au lieu que dans l'aſſaut d'une joie exceſſive, le reſſort de l'ame ſe détend ou ſe briſe, quand il eſt ſubitement comprimé par trop d'idées & trop de ſenſations.

SI l'on prend des précautions pour annoncer un déſaſtre, en faut-il de moindres pour garantir notre fragilité, d'un grand coup de fortune ? On ne craint rien pour ceux qui perdent aux Loteries : on s'informe comment celui qui a gagné le *Gros-Lot*, en a ſupporté la nouvelle.

IL ſemble démontré par l'expérience de tous les ſiècles, que, moralement &

physiquement, nous sommes moins à l'é-
preuve du plaisir que de la douleur (1).
Sophocle, Diagoras, Philippides & l'un
des Denys de Sicile, moururent de joie.
Un autre Grec, expira sous les trois couronnes remportées par ses trois fils dans
les jeux Olympiques : il expira, parce
que le ravissement, tel qu'un glaive, avoit
tranché le fil de ses jours (2).

DE bons esprits, parmi les joueurs,
ont été abrutis par la perte (3) : d'autres,
en plus grand nombre, l'ont été par le
gain. Il en est qui, dans le cours de leurs
prospérités, périssent d'aise, deviennent
fous, & se ruinent après avoir ruiné les
autres. Je n'en citerai qu'un trait : ce ne
sont pas les matériaux qui me manquent,

---

(1) *Secundæ res acrioribus stimulis animos explo-
rant : quia miseriæ tolerantur, felicitate corrumpimur.*
TACIT. Hist. Lib. I, §. 15.

(2) Les Histoires sont pleines de ces sortes d'exem-
ples : *Voyez* TIT-LIV. L. XXII, Cap. VII ; VALER.
MAX. L. IX, Cap. XII ; PLIN. L. VII, Cap. LIII ;
ALUGEL. L. III, Cap. XV, & CICÉRON dans ses
Tuscul.

(3) *Voyez* le Chapitre XLVII de la première Partie,
pag. 264-266.

G iv

je ne suis au contraire embarrassé que du choix.

DANS l'une de nos dernières Guerres, un simple Particulier vint à l'Armée, pour y prendre possession d'un Emploi militaire assez distingué : tout étoit nouveau pour lui, le brillant habit qu'il portoit, la haute Noblesse qu'il fréquentoit, & les jeux immodérés dont il ne fut, d'abord, que spectateur.

MOINS effrayé des risques, que séduit par l'espoir de s'enrichir promptement, il se résolut enfin à tenter la fortune. Son bonheur fut tel, ou plutôt il eut le malheur de gagner des sommes si considérables, qu'il perdit la tête en voulant les compter (1).

SA table, son train, tout est changé : il veut un Hôtel à Paris, & qu'on lui retienne une Maîtresse.

ETONNÉ de lui-même, il ne se croit plus un homme ordinaire (2). Il rassemble

____

(1) *Rarus enim ferme sensus communis in illa Fortuna.* JUV. Sat. VIII, v. 73.
(2) *Adstupet ipse sibi.* OVID. Métamorph.

ſes valets, & d'un ton qui commençoit à manifeſter ſa folie : Me connoiſſez-vous bien, leur dit-il ? Vous croyez peut-être ne ſervir qu'un Bourgeois, que le fils d'un Tel ? apprenez à me connoître, & ſachez déſormais qui vous ſervez.

A CHAQUE apoſtrophe non moins extravagante, il leur lançoit des poignées d'or & d'argent. L'heure ſonne : il court au jeu & ne revient de ſon ivreſſe, qu'a-près avoir perdu non-ſeulement tous ſes gains, mais encore la valeur de ſon Emploi.

J'AI d'abord inſiſté ſur les pertes occa-ſionnées par le jeu, parce qu'en dernier reſſort la honte & la pauvreté ſont le par-tage inévitable des joueurs opiniâtres : comme les gains paſſagers ne ſont pas moins funeſtes à certains égards, il con-venoit auſſi d'en parler. Si les familles ſont ruinées par l'une, l'autre ne manque ja-mais de les corrompre.

TACHONS, maintenant, de nous rap-peler quelques conſidérations & quelques traits, omis pour ne point furcharger les articles précédens.

***

CHAPITRE XXIV.

*Inquiétude, orgueil, impatience & conten-
tion des Joueurs.*

SI l'image fidèle de la fureur du jeu, eſt plus capable que tout le reſte d'en inſpi-rer l'averſion, je n'aurai pas perdu ma peine : je dis fidèle ; car mes portraits, quel qu'en ſoit le trait & la couleur, ſont faits d'après nature.

POUR mieux peindre les joueurs, je les ai recherchés avec plus d'empreſſement que je n'en avois, autrefois, témoigné pour le le jeu (1). Connu pour un homme au tem-pérament duquel les jeux de haſard ſem-bloient en quelque ſorte néceſſaires, on me ſouffroit encore & même on m'invi-toit, quoique je les euſſe ſolemnellement abjurés. Tantôt, on me conſultoit pour

(1) *Voyez* le Chap. XIX de la première Partie, pag. 118.

m'exciter : tantôt, j'étois le juge des coups douteux, le confident des infortunés.

QUELQUES-UNS, me voyant rêveur ou distrait, se disoient : Nous le tenons, son heure est arrivée. L'époque de ma rechute étoit fixée d'avance, les *paris* étoient ouverts. Cette erreur me peinoit : j'eus la force de la prolonger jusqu'au moment où, les pièces justificatives à la main, je devois prendre congé des joueurs, & leur faire mes derniers adieux.

QUOIQUE toutes leurs affections se réduisent à des regrets lorsqu'ils perdent, & à de nouveaux desirs lorsqu'ils gagnent, elles se déguisent sous tant de formes, qu'il n'appartient qu'à des yeux très-exercés de les reconnoître : la passion dominante, en suscite d'autres qui donnent le change.

J'ENTENDIS un jour déclamer contre le jeu avec tant de véhémence, que je m'informai si ce n'étoit point un Père irrité qui gourmandoit ses enfans : ce n'étoit qu'un vieil insensé, qui venoit de perdre jufqu'à fon dernier écu, & s'en vengeoit par des invectives.

J'AVOIS déja remarqué que beaucoup de joueurs, ne pouvoient pas fouffrir qu'on les regardât jouer : ils pâliffoient, lorfque leurs femmes venoient s'affeoir à leurs côtés. Je n'attribuois, d'abord, cette inquiétude qu'à la fuperftition : elle venoit encore plus du befoin d'exercer leur tyrannie, de cacher leurs pertes, ou de diffimuler leurs gains.

J'EN voyois d'autres, qui s'indignoient de l'impartialité de la fortune. Confternés du mortel équilibre qui les tenoit en fufpens, nous aimerions mieux perdre, difoient-ils, que de refter toujours au même point : c'eft qu'ils regardoient comme perdu, tout ce qu'ils n'avoient pas gagné.

MOINS touchés, en apparence, de la privation de leur argent que des contradictions qu'ils effuyoient, plufieurs ne laiffoient gémir que l'orgueil. *Je ne me plains pas*, difoit l'un d'eux, s'adreffant aux Spectateurs, *je vous plains de me voir jouer d'un malheur fi révoltant.*

RIEN n'alloit à leur gré. Soit en gain, foit en perte, difoient-ils, le Sort ne fe plaît qu'à nous humilier. Toujours mécontens, ils exténuoient leurs gains, exagéroient leurs pertes, & fe fâchoient quand on favoit leur compte.

J'AI dit qu'ils féchoient d'impatience avant de jouer; c'eft bien pis quand ils jouent : les décifions, quelque promptes qu'elles foient, leur paroiffent d'une lenteur infupportable.

« Voulez-vous favoir, dit l'Arétin, quel
» temps paroît être le plus long au joueur ?
» Eft-ce la Semaine-Sainte où l'on va à
» confeffe, & où les jeux font fufpendus ?
» non. Eft-ce la maladie qui dure un mois ?
» encore moins. Le temps qu'on met à
» manger & à dormir ? nullement. Se-
» roit-ce quand on cherche de l'argent
» pour retourner au jeu ? vous n'y êtes
» pas. Dites-le donc. C'eft *entre l'éteindre*
» *& le rallumer de la chandelle;* c'eft en-
» core *entre le tomber & le relever d'une*
» *Carte ou d'un Dez,* ce que croira faci-

» lement quiconque en a fait l'épreu-
» ve (1). »

Il n'étoit pas possible d'infliger à l'Empereur Claude qui avoit tant aimé le jeu, un supplice plus grand ni mieux assorti, que celui qu'il subit dans les Enfers, selon la fiction de Sénèque : ce Prince y fut condamné par Éaque, à ramasser, sans cesse, les Dez qui s'échappoient d'un cornet défoncé (2).

La contention de ces joueurs, dont l'ame s'échappoit par les yeux, me peinoit & m'attristoit. Immobiles & respirant à peine, dans l'attente d'une Carte ou d'un Dez favorable, ils ne pensoient plus, ne sentoient plus : ils voyoient seulement, & regardoient.

La foudre tombe, en globe de feu, sur

---

(1) Les diverses Leçons d'Antoine Duverdier, &c. pag. 496.

(2) *Jam cœperat fugientes semper tesseras quærere & nihil proficere :*

> *Nam quotiens missurus erat resonante fritillo,*
> *Utraque subducto fugiebat tessera fundo.*

Senecæ Lusus de morte Claud. Cæsaris.

la maiſon de Mylord Tylney (1) : ce globe ſe promène dans les appartemens, s'arrête au deſſus d'une table de jeu. La plupart des Acteurs n'en virent rien : l'un d'eux, ébloui par la lueur de ce terrible phénomène, ſecoua machinalement la main pour l'écarter, & continua de jouer avec ſécurité.

ON s'écrie dans un autre endroit, que la poutre principale de la chambre où l'on joue fléchit & va ſe rompre : les joueurs n'entendent pas ou mépriſent ces cris. Pour détruire le charme qui les retenoit, pour les ſouſtraire à l'abyme prêt à les engloutir, il fallut enlever la table. Ce fut alors qu'ils ſe levèrent : mais chacun, en ſilence, ſuivit pas à pas cet Autel ambulant, & ne ceſſa d'avoir les yeux fixés ſur les mains de celui qui tenoit le Livre du Deſtin (2).

JE ne m'attachois pas ſeulement à

____

(1) A Naples en 1772 ou 1773. Je tiens ce trait de M. le Baron de G * * *, ancien Miniſtre de Sa Majeſté Danoiſe.

(2) A Bordeaux pendant le Carnaval de 1759, dans l'Hôtel du Gouverneur.

considérer les passions des joueurs, celles des spectateurs n'attiroient pas moins mon attention.

CHAPITRE XXV.

Influence du Jeu sur les Spectateurs.

ATHÉNÉE, parlant d'un jeu cruel usité chez les Thraces, dit qu'il en coûtoit souvent la vie à ceux qui s'y livroient; mais que les Spectateurs n'en faisoient que rire, & se divertissoient de la mort d'un homme (1). Sommes-nous plus humains que ces Barbares, je ne dis pas quand la curiosité nous traîne aux Echafauds, mais

(1) « On suspendoit à une certaine hauteur, une
» corde sous laquelle on mettoit en ligne perpendi-
» culaire, une pierre qui tournoit sur son pivot : ce
» jeu s'appeloit *le jeu de la Penderie.* On tiroit au sort
» à qui monteroit le premier sur cette pierre : celui sur
» qui le sort tomboit, tenoit une faux à la main,
» passoit le cou dans un nœud coulant, après quoi un
» autre faisoit tourner la pierre. Si l'on n'étoit habile
» & prompt à couper la corde, on demeuroit suspendu
» & l'on s'étrangloit. » *Voyez* BARBEYRAC, *Traité du Jeu,* Tom. II, *Liv.* III, *Chap.* V, *pag.* 309 ; & ATHÉNÉE, *L.* IV.

quand

quand nous affiftons gratuitement à ces jeux de hafard, fi féconds en calamités publiques & domeftiques?

« J'AUROIS plus de plaifir, dit l'Au-
» teur d'Émile, à me moquer des joueurs
» en les voyant perdre, qu'à gagner leur
» argent. » Il eft évident que cet homme fenfible, ne fongeoit, en s'exprimant ainfi, qu'à ces jeux où l'on perd du temps à peu de frais.

LE Scythe Anacharfis témoin des jeux Olympiques, Ifthmiques & Néméens, bien différens de ceux dont il s'agit, déclaroit que les fpectateurs lui infpiroient autant de pitié que les Combattans (1) : c'eft ainfi qu'en devoit juger un Difciple de Solon (2).

LES objets nous affectent diverfement :

____

(1) LUCIEN, *Des Exercices du Corps.*

(2) L'humanité recevoit de fréquentes atteintes, dans ces jeux fi eftimables à d'autres égards ; car on n'y combattoit que pour l'honneur. Le prix, aux jeux Olympiques, n'étoit qu'une couronne d'Olivier. *O Dieux ! s'écrioit un Perfe, quels font donc, Mardonius, ces hommes qui méprifent l'argent & ne combattent que pour la vertu ?* HÉRODOT. L. VIII, § 26.

Partie II.   H

l'or seul a la vertu secrette, de porter le desir & l'attention au plus haut degré. Le redoublement du jeu ne manque point d'attirer les plus indifférens, parce qu'il suffit d'aimer l'argent pour s'intéresser à ceux que le sort favorise, ne dût-on jamais participer à leur prospérité.

ON ne s'affectionne guère aux *Perdans* que par hypocrisie, ou par des motifs étrangers à la justice. Des femmes du peuple voyant jouer le Duc de Beaufort qui étoit leur idole, lui offroient de l'argent, l'exhortoient à continuer, lui promettant de nouvelles sommes, s'il en avoit besoin. (1).

DÈS que le gros-jeu commence, le

---

(1) Les femmes sur-tout, vouloient voir jouer le Duc de Beaufort. « S'appercevant que l'une d'entr'elles
» le regardoit de bon œil : Hé bien, *ma Commère*,
» vous avez voulu entrer ! quel plaisir prenez-vous
» à me voir perdre mon argent ? Jouez hardiment,
» lui répondit-elle, vous n'en manquerez pas. Ma
» Commère que voilà & moi, nous avons apporté
» deux-cents écus : s'il en faut davantage, j'en irai
» chercher encore autant ; & toutes les autres crièrent
» qu'elles en avoient à son service. » *Mém. Hist. par*
AMELOT DE LA HOUSSAIE; *Tom. II*; *pag.* 40.

plaisir cesse, on se taît. Femmes, vieillards, enfans, tous veulent voir. Chacun croit pouvoir jouir impunément du spectacle : en le fixant trop, on s'enivre par les yeux (1).

GOURVILLE, occupé jusqu'à quarante ans d'affaires sérieuses, voit jouer par hasard : il devient le fléau de ses contemporains.

PLUSIEURS sont arrivés au jeu, qui de simples Spectateurs subitement transformés en Acteurs, ont payé de leur fortune & quelquefois de leur vie ce fatal incident.

UN Receveur, ayant eu la curiosité de voir le jeu de la Duchesse D. M***, mit par contenance quelques pièces sur le Tapis : On ne joue ici que de l'or, lui dit-on, retirez votre argent. Cet homme fier & irritable, avoit sur lui le montant de sa *Recette* : il le risque d'un seul coup,

____

(1) *De deux Regardeurs,* dit un vieux proverbe, *il y en a toujours un qui devient Joueur.* THIERS, Traité des Jeux, &c. Chap. XX, pag. 224.

H ij

donne le *Tout* trois fois de suite, gagne & sort. Malheureux, lui dit son ami, si tu avois perdu ! — *Eh bien ! ne devions-nous pas traverser la Rivière ?*

Il n'est pas sûr de vivre habituellement avec des furieux, qui ne sauroient souffrir qu'on les regarde de sang froid. L'un dira que vous lui portez malheur, & vous fera exclure. Un galant homme qui ne jouoit point, fut éconduit, sous ce prétexte, d'une maison où il alloit depuis long-temps. Ce qu'il y a de bizarre, c'est qu'il en fut proscrit d'une voix unanime : il ne pouvoit pas, cependant, porter malheur à tout le monde, puisque les uns gagnoient nécessairement quand les autres perdoient. Cette absurde sentence, n'en fut pas moins exécutée par le Portier du logis.

L'autre, empruntant à toutes mains, ne rendant qu'au hasard & confondant ses créanciers, oubliera qu'il a puisé dans votre bourse, ou soutiendra qu'il est quitte avec vous.

Il est bien d'autres méprises déshonorantes, dont on ne fauroit fe garantir. Le Marquis de F * * * aimoit à voir jouer. Pour n'être point tenté de céder aux follicitations des joueurs, c'eft-à-dire de prêter fon argent, il avoit eu foin de déclarer qu'il n'en portoit jamais. *Un Rouleau de cinquante Louis* difparut : il fut réfolu, felon l'ufage, que chacun fe laifferoit fouiller. L'honnête Marquis ne fachant que devenir, parce qu'il avoit précifément fur lui un *Rouleau* pareil à celui que l'on cherchoit, fut contraint de fe démentir, au rifque de n'en être pas cru fur fa parole.

P A R M I les Spectateurs que j'étois à portée d'obferver dans les maifons de jeu, les uns y venoient par oifiveté, l'intrigue amenoit les autres. La plupart y étoient attirés tous les foirs, par des motifs honteux, & fouvent par la faim : comme on voit, au déclin du jour, les animaux carnaffiers fortir des bois, rôder autour des camps & des champs de batailles, pour s'élancer fur les cadavres.

CHAPITRE XXVI.

Quelle forte de Gens fuivent les Joueurs.

DANS quelques-uns des Cercles où j'allois, à contre-cœur, épier les joueurs de toutes conditions, c'étoit chaque jour de nouveaux vifages que l'on n'avoit vus nulle part : c'étoit un monde tout neuf, pour les manières & pour le ton. J'étois obligé de m'informer à chaque inftant, & de la qualité des perfonnes, & du motif qui les amenoient à des fcènes, où la plupart ne jouoient guère que le rôle de fpectatcurs. On me nommoit des Marquis, des Préfidens de convention, des Abbés fcandaleux, & une foule de miférables des deux fexes, dont on eft trop heureux d'ignorer l'exiftence. Il fuffit d'indiquer l'infamie.

QUOIQUE indigné, la pitié me gagnoit, quand je voyois plus de mifère & de fureur que d'impudence. M. de Voltaire, fe plaifoit à raconter qu'il avoit connu une joueuse, vieille, infirme & pauvre, *qui faisoit du bouillon pour les joueurs,* afin d'avoir le privilège de voir jouer.

J'APPERÇUS une femme étique, qui ne parloit point ou rarement; qui restoit toujours dans la même place, & ne se levoit pas, même lorsqu'on avoit servi: je demandai ce que c'étoit.

« CE spectre féminin, me dit un homme d'un extérieur décent & d'une humeur enjouée, est l'une des plus singulières victimes qui aient jamais existé dans les fastes du jeu. Depuis trente ans, elle perd sa rente viagère à mesure qu'elle la touche, & ne subsiste qu'avec un peu de pain trempé dans du lait ; car elle est fort honnête, & tout le monde convient qu'elle a beaucoup d'esprit. Elle rougit d'être ici, mais elle mourroit ailleurs. Comme elle est sans crédit, la pauvre fille ne jouera que dans trois mois, c'est-à-dire à la première échéance. »

MONSIEUR, dis-je à cet homme qui, non content de répondre à mes questions, me révéloit encore des turpitudes

H iv

étrangères à l'objet de mes recherches : convenez que vous & moi, nous ne sommes point ici à notre place ? J'avoue, répondit-il, que je fuirois cette séquelle, si les vices qui vous choquent m'étoient moins profitables. — Seriez-vous intéressé dans *la Banque ?* — Fi donc, Monsieur, fi donc ! je suis libre, & j'ai de l'honneur : mon foible à moi, c'est d'aimer les jolies femmes, & de reconduire celles qui perdent. Là-dessus, il me quitta pour en aller consoler une.

JE cherchois un autre *Nomenclateur,* lorsque je vis quelqu'un que l'on auroit pris pour un honnête homme, tourner autour d'un *Double-Louis,* que l'on avoit par mégarde laissé tomber par terre. Qu'il eut de mal à faire son coup ! Il y réussit cependant ; mais il ne put jamais se rassurer. Sa conscience lui suscitoit à chaque pas de nouveaux accusateurs, qui sans y songer lui faisoient baisser les yeux.

J'EN vis un autre, qui déroboit furtivement quelques écus au *Banquier,* tandis que celui-ci *payoit ou ramassoit.* Redoutant le tumulte, je tremblois que ce Fripon ne fût surpris : il le fut en effet ; mais la chose se passa doucement. Prenez donc garde, lui dit le *Banquier*, tout le monde vous voit : *Laissez*, lui répondit-il, *laissez, c'est mon affaire.*

CE qui me sembloit le plus étrange, c'étoit de voir roder autour des Tables, de vieux joueurs obérés que l'on recevoit par grace, soit en faveur de leurs noms & de leur ancienne splendeur, soit à cause de quelques marques de distinction, qui imposoient encore malgré le délabrement de ceux qui les portoient.

J'ÉTOIS frappé sur-tout de les voir, quoiqu'ils n'eussent rien à prétendre, s'agiter & se tourmenter autant, dans l'attente de chaque décision, que s'il s'étoit encore agi de défendre ou d'accroître le patrimoine, que la débauche & les jeux de hasard leur avoient enlevé.

L'UN d'eux, que j'avois plus fixé que les autres, me tirant à l'écart, répondit à ma pensée. « Comme eux, vous le savez, je jouois autrefois ! maintenant, j'en suis réduit à regarder; car je suis joueur & le serai toujours. Les autres hommes, en comparaison des joueurs, me semblent en léthargie. N'ayant rien à risquer ici, je n'y saurois gagner : mais j'y jouis à ma manière. Cet appareil, ce mouvement, ces coups imprévus, le bonheur des uns, le malheur des autres ; tout cela me délivre de temps en temps de deux furies : ces furies domestiques, sont le regret du passé, la crainte de l'avenir. »

« HORS d'ici, c'est autre chose, ajouta-t-il : seul avec moi-même, avec mon ennemi le plus cruel, je vis ou plutôt je meurs lentement à l'insu des ingrats. Tantôt, mais vainement, j'ai recours à ceux qui me doivent toute leur existence : tantôt, je tâche de recouvrer quelques débris épars dans l'antre de la chicane ; & cela, pour tenter la fortune, qui doit à la fin se lasser de ses rigueurs. »

JE l'écoutois sans oser lever les yeux : dès qu'il eut fini, je m'apperçus qu'il baissoit les siens. Je le reconnus enfin : son silence me toucha beaucoup plus que ses difcours. Je lui offris ma bourfe, à condition qu'il ne la joueroit pas. — Qu'en ferois-je ! à ce prix, je la refufe.

SI tous les joueurs reffembloient à celui-ci, je n'effaierois pas de leur donner des confeils (1) : avant de le tenter, je veux leur prouver que je ne fuis pas l'ennemi du plaifir.

---

(1) *Facile omnes cum valemus, recta confilia Ægrotis damus.*

TERENT. Adelph.

CHAPITRE XXVII.

Des Amusemens naturels.

QUE de jouissances indépendantes de l'opinion, & qui sans avoir trait aux richesses, élèveroient l'esprit, échaufferoient le cœur, nous feroient exister d'une manière noble, grande & sans reproches! Nous pourrions, sans le secours des Cartes ou des Dez, diminuer considérablement le fardeau de la vie : fardeau que les mœurs actuelles, forcent si souvent à déposer (1).

POURQUOI le Maître d'Isocrate, à cent sept ans accomplis, ne se plaignoit-il pas

---

(1) On n'a jamais tant vu de suicides que depuis quelques années : pour un qui se commet par folie, on en compte cent dont l'argent est la cause. Les Romains se tuoient pour se délivrer de la présence d'un Tyran. Les Anglois se tuent, par ennui, sur des monceaux d'or. Chez nous presque tous ceux qui se donnent la mort, ne s'exécutent que pour se soustraire aux châtimens, où parce qu'ils ne sauroient supporter la diminution de leurs biens.

de la vieilleſſe ? c'eſt qu'il avoit conſervé des goûts honnêtes (1).

POURQUOI Démonax, après avoir vécu près d'un ſiècle, n'étoit-il pas encore dégoûté de vivre ? Quand la dernière heure de cet homme juſte fut arrivée, pourquoi, tel que le Héraut qui annonçoit la fin des jeux, proclama-t-il la ſienne & rendit-il gaiement le dernier ſoupir ? c'eſt qu'il avoit apprécié la vie, & qu'en mourant, il croyoit n'acquitter qu'une dette (2).

CELUI des deux Scipions qui le premier a porté le ſurnom d'Africain, ſe repoſoit de ſes travaux militaires au ſein des Lettres : ce grand homme toujours actif, jouiſſant toujours, n'étoit jamais moins ſeul qu'étant ſeul, ni plus occupé que lorſqu'il n'avoit rien à faire (3).

LE Chancelier de l'Hôpital, qui penſoit & vivoit à l'antique, écrivoit à la Ducheſſe de Savoie qu'il avoit enfin trouvé, loin

______

(1) CIC. *De Seneĉtute*, Cap. V.
(2) LUCIEN, Article *Démonax*.
(3) CIC. *De Offic.* Lib. III, Cap. I.

des troubles civils, la paix dans ces campagnes où il se plaisoit à cultiver la terre,
à se mêler aux jeux de ses petits enfans (1).

NOUS cherchons le bonheur : il est
près de nous, il est dans nous-mêmes.
Nous apportons tous, en naissant, le
germe de cette plante divine : mais elle
ne pousse plus que de foibles rejetons,
depuis qu'on a substitué le calcul de l'a-
varice à celui de l'honneur.

LES joueurs m'entendent-ils ? Tibère,
je le cite à regret, avoit raison de dire
que les motifs propres à remuer les ames
généreuses, engourdissoient les autres (2).

GARDONS-NOUS de confondre les jeux
de la cupidité, avec les délassemens que
la Nature & la Raison, dont le langage
fut & sera toujours le même, permettent
en tout temps, en tous lieux, à tous les
âges, à toutes les conditions.

AVANT que le luxe eût corrompu les

____

(1) *Eloge du Chancelier de l'Hôpital*, par un Auteur
anonyme qui ne risque rien à se nommer. *Pag. 120.*

(2) *Excitari quosdam ad meliora magnitudine rerum;
hebescere alios.* TACIT. Ann. Lib. III, §. 56.

mœurs, dit Cicéron, ceux qui partageoient leur vie entre le travail & le plaisir, furent plus heureux que les Crétois, qui se piquoient de trop d'austérité (1). Scævola, qui étoit en même temps Pontife & Consul, se livroit à différens jeux, après avoir réglé ce qui concernoit le Culte & les Droits de ses concitoyens (2).

Jeunes ou vieux, riches ou pauvres, le Philosophe & l'Artisan, tous ont besoin d'amusemens. Soit qu'on exerce son esprit ou ses bras, on ne sauroit se passer les uns de récréations, les autres de réjouissances.

Les Magistrats de Lampsaque, demandèrent à Anaxagoras quelles étoient ses dernières volontés : je voudrois, leur répondit ce Philosophe qui ne méprisoit pas la terre, quoiqu'il regardât le Ciel comme sa véritable Patrie, je voudrois que le jour de ma mort fût, à perpétuité, un jour de fête pour les enfans (3).

____

(1) Cic. *Orat. pro Muræna.* Cap. XXXV.

(2) Valer. Max. Lib. VIII, Cap. VIII, §. 2.

(3) Diogene Laerce, dit que cette Fête subsistoit encore de son temps.

CHAPITRE XXVIII.

De la Gaieté & du Plaisir.

LYCURGUE, fit élever une Statue aux Ris (1). Les Lacédémoniens, confacrèrent plufieurs paffions agréables (2).

LA gaieté, fut prefque toujours le partage des hommes forts & tranfcendans. Pythagore tempéroit fes paffions, en jouant de la lyre (3). Socrate, fut furpris jouant & folâtrant avec fon fils Lamproclès (4).

L'UN des plus grands génies de l'Angleterre, & qui le premier a développé d'une manière victorieufe, les facultés de l'entendement humain, Locke, qui conferva de l'enjouement jufqu'à fon dernier jour, comprenoit effentiellement dans l'art de vivre le befoin de s'amufer : *Vi-*

____

(1) PLUTARQUE, *Vie de Lycurgue.*

(2) PLUTARQUE, *Vie d'Agis & de Cléomènes.*

(3) SENEC. *De ira, Lib. III.*

(4) ÆLIAN. Var. Hift. XII, 15.

vons,

vons, difoit-il , *tandis que nous vivons encore* (1).

MONTAIGNE, ce Philofophe aimable & difciple de fa propre raifon, penfoit auffi qu'il feroit bien plus fenfé de déguifer nos maux , d'en exténuer le fentiment, que de reftreindre les plaifirs légitimes : Que les années m'entraînent, difoit-il, mais à reculons, afin que j'aie toujours la face tournée vers les délices de ma jeuneffe.

JE parle du plaifir : c'eft dans le cœur des enfans qu'il en faut chercher la fleur; &, quelquefois, au fein de la médiocrité, qui fe dégoûte rarement des chofes naturelles.

LA dernière nuit que j'étudiai les joueurs, acheva de me dévoiler leur trifte caractère : j'en fus puni. Ce font des furieux, me difois-je, qu'ils fe ruinent, qu'ils s'égorgent! Confterné de cette indifférence, craignant d'avoir perdu ma

____

(1) Eloge de Locke. *Bibliotheque choifie de* LE CLERC, *Tom.* *VI.*

fenfibilité, j'abandonnai fans retour cet air contagieux.

LE jour luifoit à peine : j'étois feul, & le filence de la Nature ne m'infpiroit plus rien. Je m'éloignai de la Ville. Vers le milieu de la journée, j'apperçus un Hameau, fur les confins duquel une vafte prairie, m'offrit les Pauvres & les Riches mêlés & confondus enfemble : ils célébroient l'Hymen de la Vertu.

LE Seigneur venoit de marier une fille, la plus belle du Canton & la plus honnête auffi ; car fes rivales, ou plutôt fes compagnes, l'avoient proclamée telle d'une voix unanime. Je ne me laffois point de regarder, d'admirer. Tous les vifages refplendiffoient d'une joie pure : j'y voyois tant de bonté, que tout le monde me parut beau.

ON fe difpofoit à des jeux, bien différens de ceux que je fuyois ! l'humanité triomphoit dans ces jeux champêtres, la bienfaifance y préfidoit ; & toutes deux, de concert, en avoient fait les frais. Toutà-coup le vent fiffle, le tonnerre gronde.

Un nuage affreux dérobe le jour. Chacun se sauve.

Je me réfugiai dans une Grange, où l'on ne diftinguoit les objets qu'à la lueur des éclairs. Regardant autour de moi, je n'apperçus que des enfans : qu'ils étoient affligés ! Je tâchois de les confoler : ils foupiroient. Prenez patience, le beau temps reviendra. — D'aujourd'hui nous ne reverrons le foleil : demain, plus de Fête ! — Prenez patience, vous dis-je, il ne tardera point à reparoître. Tous les yeux, fe tournèrent du côté de l'Aftre éclipfé.

Déja quelques pâles rayons, coloroient les bords du nuage. Je vis enfin, l'efpoir du plaifir renaître avec le jour. Je vis les fronts s'éclaircir, à mefure que le foleil fe dégageoit ; & j'entendis mes enfans, le faluer d'un cri de joie : d'un cri ! qui retentira toujours au fond de mon cœur.

Le fignal eft donné : les jeux commencent, & continuent jufqu'à la nuit. Voilà le plaifir, m'écriai-je ! c'eft ainfi qu'il fe prépare & s'acccomplit.

I ij

CHAPITRE XXIX.

Aux Détracteurs des Amusemens naturels.

LES *Esprits immortels*, disoient les Prêtres du *Sintos* (1), rejettent les vœux des hommes chagrins, & les plaisirs innocens leur sont agréables. Cet ancien culte des Japonois, prescrivoit encore d'honorer la mémoire des gens de bien, en jouissant, dès ce monde, d'une partie de la félicité dont ils jouissent dans l'autre.

UN Curé, se vantoit d'avoir aboli les danses des Paysans, les jours de Fêtes & de Dimanches : « M. le Curé, lui dit Fé» nelon, ne dansons point, mais permet» tons à ces pauvres gens de danser, afin

______

(1) Le *Sintos* ou *Sintosisme*, &c. Cette fausse Religion, la plus anciennement établie au Japon, consiste dans le culte que l'on y rend à des Héros déifiés, que les Japonois adorent sous le nom de *Cami* ou *Kami*, ce qui signifie *Esprits immortels*. Voyez cet Article dans l'*Encyclopédie*, & dans l'*Hist. Phil. & Polit. des deux Indes*, Tom. I, pag. 163.

» qu'ils oublient un moment combien ils » font malheureux (1). »

LA vie de l'homme jufte, difoit Salomon, n'eft qu'une fête continuelle : il l'a dit, & la faine raifon ne ceffera de le répéter. Platon prétendoit que les Dieux bienfaifans, avoient donné le fignal des fêtes & des jeux (2). Les plus anciens Auteurs nous affurent, que ces joyeufes folemnités naquirent au fein de l'innocence, quand les premières fociétés célébroient le retour du Printemps, & les bienfaits de l'Éternel.

COMME tout fe corrompt, ces plaifirs falutaires ont été dénaturés par la cupidité, qui les a de plus en plus dirigés vers le profit : qu'on les blâme à cet égard, mais qu'on en refpecte l'origine.

LES Faftes du Genre humain, offrent néanmoins les noms de plufieurs Fanatiques, dont les principes outrés, ne ten-

______

(1) Eloges, &c. par M. D'ALEMBERT, pag. 287. *Paris*, 1779.

(2) Cic. *De Legib. Lib* II.

doient qu'à nous rendre auſſi malheureux qu'inſociables : ces hommes atrabilaires ou mécontens de leur ſort, ont tenté d'empoiſonner le nôtre, en défigurant l'image de la vie.

ABSTENEZ-VOUS des plaiſirs, diſoient la plupart des Sectateurs de Zénon, qui ſe croyoient plus ſages que Dieu & la Nature. Il eût été plus ſimple de nous dire : Fermez les yeux, bouchez-vous les oreilles, rendez - vous impaſſibles ; car l'ame, reçoit du plaiſir par tous les ſens.

LE plaiſir, quoi qu'ils en diſent, eſt notre Génie tutélaire ; c'eſt le premier agent de la Providence, qui, nous éprouvant quelquefois, nous veut cependant plus de bien que de mal : d'ailleurs, a-t-elle jamais défendu de profiter, de tout ce qui peut rendre notre condition meilleure ?

VOUS n'êtes nés que pour ſouffrir, répliquent-ils : ſi quelques délaſſemens vous ſont permis, ce n'eſt que pour mieux ſentir les malheurs, attachés à cette humaine condition.

LES Barbares ! ils me rappellent ces

farouches Busdoïstes (1), qui, pour effrayer leurs Sectateurs, ne leur montroient que des Dieux toujours avides de vengeances, toujours offensés : ils me rappellent ces Tyrans, qui faisoient abreuver leurs victimes de liqueurs spiritueuses, afin de les soutenir au milieu des tortures, afin de jouir plus long-temps de leurs cris.

QUE le chagrin se taise (2) : les préceptes de la Sagesse, n'ont jamais ordonné à l'homme intègre, de se punir du mal qu'il n'a pas fait. Le remords ne fut, dès l'origine des choses, lancé que dans le cœur des criminels.

FAISONS le bien, que ce soit là notre suprême volupté ; toutes les jouissances permises, en découleront au profit de nos

____

(1) Moines Japonois. *Hist. Phil. & Polit. des deux Indes.*

(2)   Avant que la journée
      De notre Age qui fuit,
      Se trouve environnée
      Des ombres de la nuit ;
      De vivre notre vie
      Prenons le doux loisir,
      Et malheur à l'envie
      Qu'offense le plaisir.

Ces vers sont de DURAND, qui vivoit en 1559.

femblables: pourvu que trop d'impatience, ne rende point exceffif le defir du bonheur. La joie, difoit le Poëte Sadi, viendra fi tu fais l'attendre, & le repentir fi tu te hâtes.

SUPPRIMEZ les amufemens naturels: qui voudroit vivre à pareil prix? Notre courfe paffagère, ne feroit plus qu'un long voyage, à travers des forêts épineufes & des fables arides, s'il n'étoit pas donné de cueillir, de temps en temps, quelques fleurs fur le chemin de la vie.

QUAND tout s'éclaire des rayons d'un beau jour, pourquoi feroit-il défendu de fe livrer à la joie qu'il infpire? Quand l'Hiver contrifte la Nature, pourquoi ne feroit-il pas permis de raffembler fes amis autour de fon foyer, pour y goûter enfemble, l'oubli des peines & le charme de l'union?

TOI feule, fainte Amitié! toi qui précèdes l'amour & lui furvis, toi feule fais vivifier le commerce des hommes, & multiplier leur exiftence. Ta voix, telle que les fons mélodieux entendus dans la jeuneſſe, rappelle l'innocence & la paix : à ta voix, les années dociles ſemblent revenir ſur leurs pas. Entre amis, ſoit qu'on s'entretienne du paſſé, ſoit qu'on interroge l'avenir, toujours obſcur & redoutable ! tout plaît, tout intéreſſe : on s'attendrit en commun, on s'aguerrit contre les coups du ſort ; le ſilence même, eſt plein de charmes. Mais cette ſublime volupté, n'appartient qu'à la bonne conſcience : le remords, en détruiroit les plus douces illuſions.

Au lieu de combattre une rage dont le venin rejaillit ſur moi, que n'ai-je célébré l'eſprit & les mœurs de cet homme vertueux, qui, depuis cinquante ans, raſſemble autour de lui ce que la France a de plus honnête, de plus inſtruit ? Que n'ai-je célébré les plaiſirs décens de quelques familles, dont les cœurs ne me ſont pas moins ouverts que leurs maiſons ? Je ne puis faire haïr qu'un vice : j'aurois fait aimer toutes les vertus qui en corrigent.

Je n'aurois pas oublié ces jeux, non

moins amis de la conscience que chéris du simple spectateur : doux passe-temps ! commerce sans regrets ! sinon lorsqu'il faut se quitter ; mais la séparation est toujours adoucie, par la promesse de se revoir le lendemain.

O TOI, que la Nature a comblé de ses dons les plus rares, génie puissant & vraiment bon ! toi, dont le premier mouvement fut toujours de donner ; le second, d'ajouter à tes bienfaits ; & qui m'as choisi, plus d'une fois, pour verser secrettement au sein de l'indigence, plus d'or que les Joueurs n'en prodiguent à leurs passions : ô le plus modeste des hommes ! j'aurois écrit ta vie, & mon Ouvrage eût été fait.

J'AI promis des conseils : j'en vais risquer quelques-uns, quoique la cure des furieux, dit Lucien, soit la plus dangereuse de toutes celles qu'entreprend la Médecine ; car il arrive souvent, ajoute-t-il, que la violence du mal & le dégoût des remèdes, tourne leur rage contre le Médecin (1).

____

(1) Voyez *Le Fils déshérité.*

CHAPITRE XXX.

De l'Habitude.

LES vices ne plaisent, que parce qu'on les regarde comme des moyens de félicité : il falloit donc commencer par détromper les joueurs.

QUICONQUE a joué jouera, dit le Proverbe. Il est certain, que tous les vents poussent le Joueur au même écueil. Indépendamment de la coutume & des égards de convention, s'il gagne, il veut gagner encore : s'il perd, il se flatte d'avoir épuisé le malheur. Le regret, qui est le sentiment le plus actif de la cupidité, l'afflige sans relâche. Quelquefois, rebuté par l'infortune, je ne jouerai plus, dit-il : où sont ses garans ? Avide & désœuvré, que voulez-vous qu'il fasse ? il faut bien qu'il joue, puisqu'il ne sait que jouer.

CETTE manie n'est pas absolument incurable, pourvu que l'on veuille de bonne foi s'en corriger. On triomphe déja, lorsqu'on desire la victoire.

NOUS regardons comme impoſſibles, bien des choſes praticables : non qu'il ſoit facile de changer de goûts, d'inclinations, &, pour ainſi dire, de ſe refondre ſoi-même. En le voulant, on le pourroit : c'eſt la volonté qui manque à preſque tous les hommes, parce qu'ils ignorent leurs véritables intérêts.

L'ESSENTIEL, ſeroit de rechercher quelles ſont & les choſes qu'il faut pratiquer, & celles dont il faut s'abſtenir : l'eſprit humain, lorſqu'il eſt ſuffiſamment éclairé, peut tout ſur lui-même, par la conſtance & le choix des moyens. On a vu des malades déſeſpérés, ſe guérir ſeuls par un bon régime.

SI l'habitude nous a ſubjugués, rappelons-nous ce que nous étions avant d'en avoir contracté de mauvaiſes. Nous n'étions pas nés pour vieillir les Cartes à la main : retournons ſur nos pas, rétrogradons juſqu'aux années où ce beſoin nous étoit inconnu. Sommes-nous courbés d'un côté ? rejetons-nous de l'autre : tâchons d'y reſter aſſez long-temps, pour vaincre l'ancien pli.

Les mêmes fentimens fouvent renouvelés , les mêmes actions fouvent répétées , confirment l'habitude : ce qui la forme peut la détruire , ou du moins l'affoiblir confidérablement. Ne jouons plus : quelque jour, nous n'aurons plus befoin de jouer. Il eft plus aifé de fe priver , que de fe retenir.

Des Ambitieux, châtiés par la Difgrace, ont perdu le fouvenir des travaux & des intrigues , qui avoient confumé les trois quarts de leur vie ; & l'on croit que des Joueurs n'oublieront pas , jufqu'au mécanifme de leurs faux amufemens ? Telle eft la conftitution de nos organes, que le temps peut en effacer les impreffions les plus profondes. Un Anglois abandonné dans une Ifle déferte , y oublia fa propre langue , y perdit la mémoire des fons.

Si nous favions profiter du temps , en diriger l'action, chacun de nous éprouveroit qu'il a des remèdes fûrs, contre toutes les maladies de l'ame : s'il nous prive de quelques plaifirs , il calme nos paffions, il ufe nos chagrins. Mais l'exemple & l'ima-

gination prolongent nos erreurs, les re-
produifent jufqu'à la caducité.

IL s'agit ici d'une paffion vile, oppofez-
lui des paffions généreufes. Vous ne fon-
giez qu'à ravir, apprenez à donner : il
eft dans la nature, qu'un premier acte
honnête en produife d'autres.

SI vous perfiftez, les Gens de bien
rendront hommage à ce trait de caractère :
les Pères de familles, vous propoferont
pour modèles à leurs enfans. L'eftime publique, dont on ne connoît le prix qu'a-
près l'avoir obtenue, nous répondroit de
vous : c'eft alors, que feroit confirmée
la révolution que l'on traite de chiméri-
que, parce que l'expérience nous apprend
qu'elle eft fort rare.

LA raifon feule ne fauroit, dans bien
des cas, nous rendre la raifon : ceux qui
méditent de rompre avec le jeu, devroient
encore fatiguer le corps, afin de dompter
l'imagination. Ils devroient former quelque entreprife laborieufe, qui les occupât
tout entiers, qui les forçât de changer
brufquement leurs rapports. Pour devenir

fage & bon, il n'a fallu quelquefois que s'éloigner des Fous & des Méchans.

***

CHAPITRE XXXI.

Moyen & motifs , heureufement employés pour retenir un Joueur.

JE ne fache point de plus grand obftacle aux progrès de la fureur du jeu, que le dévouement d'un ami vertueux : quiconque refte fourd à fa voix, eft mort civilement. La plupart des joueurs , ne méritent pas d'avoir des amis : mais tel eft l'avantage des bonnes mœurs fur les mauvaifes, que l'on aime encore ceux dont on blâme les excès.

LES liaifons des hommes généreux , ne font pas toujours les mieux afforties. Ceux-là, reffentent de bonne heure le befoin d'aimer. Quels que foient enfuite les travers de leurs amis , quand l'honneur n'en fouffre point ils fe font un devoir de la conftance : ils continuent, parce qu'ils ont commencé.

LES grandes amitiés, d'autant plus durables qu'elles font involontaires, fe forment avant l'examen : fans quoi, les ames fortes ne s'attacheroient jamais aux ames foibles ; & la débile humanité, perdroit tous fes appuis.

QUE l'ami d'un Joueur eft à plaindre ! l'amitié devient, alors, l'exercice des vertus les plus difficiles. Comment n'oppofer que des refus, lorfqu'on voudroit tout accorder ? fe montrer inflexible, quand on eft prêt à céder ? Comment traiter, dans le malheur, le compagnon de notre enfance, celui qui partageoit autrefois nos peines & nos plaifirs ? comme on traite un malade ; il ne faut pas tuer celui-ci par complaifance.

S'IL déplore fes erreurs, pleurez avec lui : s'il fe félicite de fes gains, ne lui montrez que de la confternation. Infpirezlui plus de confiance que de réferve : le moment de frapper le grand coup, viendra peut-être.

LE moyen & les motifs contenus dans la Lettre fuivante, ont touché l'un de ces

effrénés,

effrénés, que l'on chériffoit en dépit de lui-même : l'ont retenu, prêt à tomber dans l'abyme, au deffus duquel il étoit fufpendu.

Lettre d'un Ami à fon Ami Joueur, après une Perte confidérable.

Eh-bien ! me direz-vous encore, que vous n'avez fait de tort qu'à vous-même ? L'ingrat ! il oublioit que je l'aimois.

Si je vous avois vu, à la merci des Tigres qui vous déchiroient ! fi je vous avois entendu redoubler, d'un feul mot, la Perte que vous brûliez de réparer ! Les regrets font fuperflus. Vous venez de perdre, de quoi faire fubfifter plufieurs familles honnêtes : ne regrettez que cela, mon ami ; le refte, n'eft rien.

Une feule nuit, pouvoit vous ravir votre fortune entière : il en refte affez, pour être bienfaifant. Effayez : vous ne ferez plus tenté de conquérir le bien d'autrui, ni de rifquer le vôtre. Le vôtre ! Le bien de nos Pères, n'eft qu'un dépôt dont nous n'avons que l'ufufruit. Tout

honnête homme, difoit votre Père, n'eft
que l'Econome de la Providence : il doit
la remercier quand fon fermier le paye ;
& ne jamais oublier, que les fruits de fa
Terre ne font pas pour lui feul.

*AIMEZ bien mon fils, il vaudra mieux
que moi* : Telles furent, vous le favez,
les dernières paroles de cet Ami des hommes, de ce bon Père que la mort vous
a ravi trop tôt. Je lui promis de vous
aimer jufqu'au dernier foupir : promettez-
moi donc, jurez-moi . . . . Point de fermens, ils témoignent plus de trouble que
de réfolution (1). Les fermens n'atteftent
guère que des regrets, & font inutiles
lorfqu'ils font fincères.

IL faut fe juger, fe décider dès aujour-
d'hui : demain il feroit trop tard (2).
Quand il s'agit de la paffion dont vous
êtes la victime, l'expérience en eft bien

---

(1) *Omnia inconfulti impetûs cœpta, initiis valida
fpatio languefcunt.* TACIT.

(2) *Qui non eft hodiè, cras minus aptus erit.*
OVID.

plus souvent le châtiment que le remède. Mais vous avez d'autres soins : le temps presse, il faut payer. Je m'en charge, ou plutôt vous êtes quitte. J'ai payé : mon sort dépend du vôtre. Personne encore n'a tenté ce moyen : ruinez-moi, si vous l'osez ; allez, je serois moins à plaindre que vous (1).

Tout me rassure, quoiqu'on me blâme. On vous regarde comme un Joueur, & moi comme un Dépositaire. Je rends grace à l'Infortune, de m'avoir fourni le seul frein capable de vous retenir.

Avec tant d'ame & de lumières, étoit-ce à vous qu'il convenoit de ne compter que sur le hasard ? de croupir avec ces joueurs, qui ne soupirent qu'après le gain au sein de l'abondance ?

Si jamais la cupidité se réveilloit dans votre cœur, rappelez-vous le temps où des vapeurs empestées, désolèrent la surface du globe ; où des Tyrans firent en-

______

(1) Ce moyen de réforme, ne sera pas taxé d'imprudence par tout le monde : je l'ai cité parce qu'il a réussi, & qu'il ajoute un fait à l'histoire des Mœurs.

K ij

core plus de mal que la peste (1); où la moitié du genre humain étant conjurée contre l'autre, des Nations entières périssoient en peu de mois, en peu de jours. Si j'avois existé dans ces temps désastreux, direz-vous, moins avide & meilleur, je n'aurois pas desiré des biens superflus! pâle & tremblant, je n'aurois demandé que des alimens journaliers, & l'espérance du lendemain !

RIEN que nous - mêmes ne s'oppose, maintenant, à notre prospérité : que manqueroit-il, si nous avions des mœurs ? Que tardez-vous, mon Ami ? Libre de toutes les passions qui ne sont point généreuses, tâchez d'accomplir le présage de votre Père : quand vous ne l'égaleriez pas, il feroit encore bien honorable, de marcher immédiatement après lui, dans l'estime publique.

______

(1) Les Egyptiens, sous les Règnes de *Chéops* & de *Chéphren*, furent accablés de tant de maux, qu'ils n'osoient plus vaquer à leurs affaires : on se fuyoit, on se cachoit, parce que les Temples des Dieux vengeurs, étoient inaccessibles. Ces Temples, restèrent fermés pendant plus d'un siècle. *HÉRODOTE*, *Lib. II*, §. 128.

Vous avez perdu de belles années : profitez de celles qui vous restent (1). Que l'ambition d'être utile, succède à vos penchans nuisibles : tout périt, excepté la vertu. Nous ne pouvons pas résister au courant qui nous entraîne : mais nous pouvons, nous devons, en qualité d'hommes, combattre les vices dont nous sommes guéris ; & poser, de distance en distance, des fanaux qui avertissent les races futures, d'éviter les écueils.

---

(1) *Tibi valida ætas, rebusque & fructui rerum suf-ficiens.* Tacit.

CHAPITRE XXXII.

Précautions contre la Rechute.

LES objets de nos espérances habituelles, laissent encore, après que l'illusion est détruite, un souvenir capable de réveiller des passions, qui n'étoient qu'assoupies. Si cette réflexion a quelque vérité, c'est principalement lorsqu'il s'agit du jeu : manie perfide ! & qui ressemble à ces infirmités secrettes, dont la guérison radicale est toujours douteuse.

LES uns retombent, parce qu'ils comptent trop sur les projets du dépit, parce qu'ils s'endorment sur la foi de leurs sermens : tandis que le dépit & les sermens, d'abord pleins d'énergie, s'affoiblissent de jour en jour. Les autres retombent, parce que cherchant à se tromper eux-mêmes, ils font des Conventions & des *Dédits*, qui ne sont que de nouveaux jeux (1). Si

(1) Un Officier, avoit fait un *Dédit* de deux-cents *Louis* : il tint bon, tant qu'on ne joua que petit-jeu.

l'on a ftipulé que l'on s'abftiendroit du *Pha-raon*, l'on fe ruine au *Cavagnol.*

COMBIEN j'en ai vu que l'on difoit corrigés, & qui n'étoient que châtiés ! Ils ne jouoient plus : mais ils regardoient jouer avec tant d'intérêt, qu'il étoit facile de préfager leur défaite prochaine. Quand ils parloient de leurs anciennes viciffitudes, c'étoit avec autant de complaifance, que les convalefcens parlent des grandes maladies dont ils font rechappés : plus ils fe vantoient, plus ils fe félicitoient, moins ils étoient sûrs de leurs réfolutions (1).

UN retour fincère & durable, fuppofe beaucoup de force & de raifon. Cette maladie de l'ame ainfi que toutes les autres maladies a fa convalefcence, laquelle demande d'autant plus de précautions pour éviter la rechute, que tout follicite le

---

Ayant appris que l'on préparoit une Partie de conféquence, il chercha de tous côtés fon Camarade pour retirer fa parole, ou le payer d'avance s'il ne vouloit pas la lui rendre : la convention fut rompue, & il perdit jufqu'aux Diamans de fon Epoufe.

(1) *Cum verba eruperunt, affectus ad confuetudinem relabuntur.* SENEC. De Brev. Vitæ, §. 6.

K iv

Joueur nouvellement délivré des fers qu'il chériffoit, à rentrer dans l'efclavage.

OUTRE que leur marche devient incertaine après un tel divorce, on leur dit qu'il eft des bienféances dont on ne peut s'affranchir, lorfqu'on vit dans le monde : qu'il ne refte que le rôle d'importun, à quiconque eft inutile aux plaifirs de la fociété. Il fied toujours d'avoir du caractère. On reprochoit à Xénophane de fuir le jeu par timidité : j'avoue, répondit-il, que je ne me fens ni le courage de l'injuftice, ni celui de la honte (1).

TROP de tyrannie rebuteroit : on traite politiquement les joueurs maléficiés. Quand ils font dans la peine, au lieu d'exiger qu'ils affrontent, fur-le-champ, les jeux dévorans dont ils viennent d'éprouver la rigueur, on temporife, on les confole. On les retient fur-tout dans les mêmes Cotteries, jufqu'à ce qu'ils aient eu le temps de *fe refaire*.

S'AGIT-IL d'un jeune homme opu-

---

(1) PLUTARQUE, *De la Mauvaife Honte.*

lent, ou qui doit l'être ? toutes les bour-
fes lui font ouvertes : plus d'un Mentor
fe chargent de le conduire. D'abord ils le
mettent au régime, c'eft-à-dire au petit-
jeu : bien sûrs, qu'il y fentira renaître fes
premières inclinations, & fon ancienne
audace ! Aux jeux de Commerce, fuccè-
dent les jeux de hafard : s'il fuccombe,
c'en eft fait ; le torrent le reffaifit.

CHAPITRE XXXIII.

Du Commerce des Grands & des Riches, relativement au Jeu.

POUR les joueurs plus vains qu'emportés, je ne crains pas tant la mauvaife Compagnie, que ce qu'on appelle impropre-
ment la bonne : l'une fournit de l'antidote
contre fes poifons, au lieu que l'autre
palliant tous fes vices, femble les rendre
irréprochables. Par-tout où manquent les
mœurs, la décence n'eft qu'un attrait de
plus.

LES paffions plus contraintes dans les

Cours, & dans les Maisons imposantes, n'en sont que plus vives, plus compliquées : on y veut tout concilier, la faveur, la considération & l'argent ; quand celui-ci vient à manquer, les deux autres s'évanouissent bientôt.

« Vous avez joué en grande Reine, en » Princesse libérale, *disoit M. d'Esse à la* » *Douairière d'Ecosse*, & moi en bélitre » de Gentihomme par trop prodigue : » j'aime mieux que vous m'estimiez tel, » qu'avare & discourtois à l'endroit d'une » si honnête Princesse que vous êtes (1). » Cela est fort galant : mais les mêmes sacrifices n'obtiennent pas le même salaire. Ce moyen de fortune dépend de tant de circonstances, qu'excepté quelques gens adroits qui l'ont heureusement employé, tous les autres s'en sont repentis.

LES exemples de ceux qui ont fait leur chemin en se laissant perdre à propos, sont

---

(1) M. d'Esse avoit été envoyé au secours des deux Reines d'Ecosse en qualité de Lieutenant général. *BRANTOME, Tom. VII, Disc. LIV, pag.* 217.

trés-rares : en voici deux des plus remarquables.

« LE plus grand sujet, dit Brantôme,
» que Philippe II prit d'aimer Ruy-Go-
» mez, fut que jouant un jour en Flandre
» à la *Prime* avec deux autres, il s'agissoit
» *d'un grand reste* qui montoit à vingt-
» mille écus, & que le Roi d'Espagne
» venant à la rencontrer fut très aise ;
» car qui que ce soit, & même un grand
» Seigneur, fût-il libéral & magnifique,
» est avare au jeu. Soudain s'écriant qu'il
» avoit *Prime*, Ruy-Gomez qui avoit cin-
» quante-cinq, pour ne point troubler la
» joie de son Maître, après avoir montré
» son jeu à ses voisins, jeta les Cartes &
» les mêla parmi les autres, disant seu-
» lement : *Je le quitte.* Le lendemain, le
» tiers & le quart qui étoient de Grands
» Seigneurs, & me semble que le Duc
» de Feria y étoit, apprirent au Roi le
» trait de Ruy-Gomez, lui ayant dit qu'il
» n'avoit pas voulu le priver du conten-
» tement qu'il avoit eu de rencontrer
» *Prime*, & qu'en nulle façon il n'auroit

» pu confentir à lui donner fâcherie ; » *comme certes le Serviteur doit toujours* » *tâcher le plus qu'il peut en tout, de com-* » *plaire à fon Maître, fur-tout à tel que* » *celui-là & en telle chofe.* Le Roi lui en » fut fi bon gré, qu'il l'en récompenfa au » triple, & depuis l'en aima plus qu'il » n'avoit fait (1). »

LE père de l'Abbé de Choify, jouant contre le Marquis d'O Surintendant des Finances, fe conduifit comme le Courtifan Efpagnol & eut le même fuccès (2). Combien d'autres, qui n'ayant plus ni crédit ni argent, ont été réduits fous peine de difgrace, à vendre leurs Terres ! & quand ils étoient malades, à fe faire repréfenter par leurs *Caffettes.*

IL eft rare que les Princes foient re-connoiffans de ces fortes de complaifances : Charles IX n'excepta point du *Maffacre*

---

(1) BRANTÔME, Gentilhomme de la Chambre de Charles IX, de Henri III, & Chambellan du Duc d'Alençon. *Dom Juan d'Autriche, T. V, Difc. XLI, pag. 173.*

(2) Vie de l'Abbé DE CHOISY, pag. 3. *A Laufanne & à Genève,* 1748.

de la S. Barthélemi, François de la Rochefoucault, qui avoit paffé une partie de
cette fatale nuit, à jouer contre lui (1).

LE commerce des Grands & des Riches,
a fait de tout temps & fera bien des
dupes. Que cherchez-vous auprès des uns,
dirois-je à ceux qui ont le bonheur de n'en
pas dépendre ? quelque Nobles qu'ils
foient, quand ils n'ont que des Titres,
vous n'en refterez pas moins ce que vous
êtes, &, le plus fouvent, vous y perdez
à tous égards. Que cherchez-vous auprès
des autres? quelle que foit leur opulence,
à moins de les tromper on n'y gagne
guère que des indigeftions.

UN Poëte Courtifan, confeilloit à ceux
qui n'avoient que le néceffaire, de chercher le fuperflu, auprès de ces Patrons
engraiffés de la fubftance des Provinces
conquifes, & qui nageoient dans les délices (2). J'admire l'aifance & la foupleffe

---

(1) Mémoires de SULLY ; Tom. I, L. I, pag. 60.

(2) *Si prodeffe tuis, paulòque benignius ipfum*
Te tractare voles, accedes ficcus ad unctum.
HORAT. Lib. I, Ep. XVII, v. 11.

de ce beau Génie, qui célébroit, tour à tour, le Luxe & la Médiocrité : mais je rends graces au Ciel, de m'avoir donné une ame trop étroite, pour y admettre des choses si incompatibles.

« LES Grands de la Terre, a dit un » Grand qui les connoissoit bien, ne sau- » roient donner ni la santé du corps, ni » le repos de l'esprit ; on achette toujours » trop cher les biens qu'ils peuvent fai- » re (1). » Joueurs ou non, fréquentez vos égaux : n'ayez plus la sottise de vous ruiner par foiblesse, par air, ou par des complaisances ambitieuses.

DE froids énergumènes, ont décrié l'esprit de conduite : je les renvoie à Pythagore, qui soutenoit que la Prudence étoit l'œil de toutes les vertus.

---

(1) Maximes de LA ROCHEFOUCAULT.

CHAPITRE XXXIV.

Des Métamorphoses de la Cupidité.

IL ne suffit pas de s'abstenir du jeu, il faut encore se purger des ordures de la cupidité (1) : il faut, sur-tout, ne donner au hasard que le moins qu'il est possible ; car tout redevient hasard, quand on a eu l'habitude de s'en rapporter à cet oracle corrupteur.

LES Passions agissent encore, quoiqu'on en paroisse délivré : ce qu'on appelle calme en pareil cas, n'est quelquefois qu'une action ralentie, qui nous travaille sourdement, qui nous ramène au même but, après de longs circuits. D'ailleurs, presque toutes les manies se tiennent : celles qui dérivent de la cupidité, quoique diversement modifiées, ne font que le même vice sous différens noms.

LA manie des livres quand on ne sait

____

(1) *Nec verò rei familiaris amplificatio, nemini nocens, vituperanda.* CIC. De Offic. Lib. I, Cap. VIII.

pas lire, des tableaux quand on ne fait pas voir, & tant d'autres, ont beaucoup de rapports avec l'efprit du jeu. Cet efprit ne règne pas feulement autour des *Tapis-verts* : on le retrouve par-tout où les hommes, contre le vœu de leurs profef-fions & fans néceffité, recherchent des gains qui ne dépendent guère que du hafard.

Les *Encans* attirent beaucoup de cu-rieux ou de mercadins volontaires, que j'appelle joueurs quoiqu'ils n'en aient pas le titre. Nos magnifiques Brocanteurs, ne font pas moins infociables, pas moins opi-niâtres & diffimulés, que les joueurs de profeffion. Ils ne viennent à ces *Encans*, les uns que pour regarder & defirer, les autres que pour y faire des dupes. C'eft-là que des fainéans riches, s'engouent fubi-tement, achettent fans befoin, fans con-noiffance, & fe ruinent en croyant faire de *bons marchés*. S'ils s'enrichiffent par hafard, c'eft aux dépens du malheureux preffé de vendre, c'eft au préjudice des claffes commerçantes, dont ils ufurpent les profits.

En

En voyant leurs Cabinets, ou plutôt leurs Magaſins, on ſeroit tenté de leur croire la paſſion des Beaux-Arts : ils n'ont que celle de l'or, arbitrairement repréſenté par de prétendus chef-d'œuvres, ou par des *Antiques* ſuſpectes.

Dans les morceaux les plus vantés, ils n'y voient que les *Bons-coups*, ne les eſtiment qu'à ce titre. N'allez pas leur demander, à quel prix ils poſſèdent ces Vaſes, ces Bronzes, & tous les précieux colifichets, dont la conquête pénible n'eut jamais qu'un but vénal. *C'eſt-là notre ſecret,* vous diroient-ils (1). Voulez-vous le ſavoir, ce ſecret de l'avarice inſidieuſe? faites des offres graduelles, & vous lirez dans leurs yeux où commence le gain. Ajoutez un ou deux ſacs, vous ſerez les maîtres de choiſir & d'emporter.

Ces hommes-là n'aiment rien, puiſqu'ils n'aiment que l'argent (2) : ils ne

---

(1) Ce myſtère, auquel on ne fait pas aſſez d'attention, a je ne ſais quoi de meſquin, pour ne rien dire de plus.

(2) Sans être avare, un brave Gentilhomme ne

Partie II.   L

tiennent à rien, puisqu'ils sont toujours prêts à vendre leurs jouissances ; & que leurs propriétés, de quelque nature qu'elles soient, sont purement conditionnelles. Le desir des superfluités, fait plus de pauvres & d'esclaves que le besoin.

CEUX dont l'existence ne porte que sur l'Agiotage, ceux qui trafiquent de leur Crédit, se glissent dans la Finance sous des noms empruntés, ou mendient des graces que le Souverain croit n'accorder qu'au mérite : ces sortes de joueurs, aussi méprisables que les autres, quoiqu'ils ne jouent pas toujours à coup sûr, ne seront pas de mon avis.

QU'IMPORTE ! l'ami des hommes, dit Marc-Aurèle, cherche à faire du bien même à ceux qui l'injurient, comme une source pure désaltère encore ceux qui la troublent.

---

connoissoit pas d'autre mesure que l'argent, pour apprécier son attachement, son estime, ou ses regrets.

CHAPITRE XXXV.

Du Repos de la Cupidité.

CERTAINS Beaux-Esprits, soit disant Philosophes, n'ont guère vu que de la sottise & de l'impuissance, dans la modération. Au risque de passer pour un sot, je vais opposer à la sorte de joueurs dont je viens de parler, la conduite d'un simple paysan qui avoit assez de Bon-sens, pour croire que l'on peut être content de son sort, quand on a ce qu'il faut (1); & que rien, ne sauroit dédommager de ce qui touche le cœur.

UN bon Vieillard, étoit plus libre, avoit plus d'ame, que tous ces magnifiques *Brocanteurs*. Ce Vieillard jouissoit, non loin de la maison d'un Parvenu, d'une Cabane entourée de quelques arpens de terre, & vivoit en paix, sans desirer les richesses de son voisin. Les superbes regards de celui-ci, étant choqués de la Cabane située à l'en-

______

(1) *Quod satis est cui contigit, hic nihil amplius optet.* HORAT. Lib. I, Epist. III, v. 46.

trée de son Parc, il fit appeler *le Sage* (1) qui l'habitoit : — Sais-tu bien que ta fortune est faite ? — Et vous, Monsieur, savez-vous que le Bon-Dieu, mes deux bras & mon champ, ne m'ont jamais laissé manquer de rien ? que j'ai travaillé long-temps, bien long-temps ! qu'aujourd'hui je me repose, & que mon fils me nourrit, afin que ses enfans le nourrissent à son tour ? — Fort bien : mais il s'agit de me vendre ta Cabane. — Y songez-vous ? c'est le Père de mon Grand-père qui l'a rebâtie ; & cela, avant qu'il fût question de votre Château. — Bon homme, je le veux : point de réplique. — Point de réplique ! J'y suis né : les miens y sont morts, j'y veux mourir aussi. Monseigneur ! ne vous fâchez pas : j'ai quatre-vingt-dix ans passés, peut-être que mon fils.... mais non, il a du cœur. Vous le savez, il n'a pas voulu entrer à votre service, parce qu'il auroit été Valet chez vous, & qu'il étoit Maître chez nous.

UNE femme, à Constantinople, mon-

___

(1) *Rusticus, abnormis sapiens.*
HORAT. Lib. II, Sat. II, v. 3.

tra le même défintéreffement, en 1755. Il s'agiffoit d'abattre plufieurs maifons, pour garantir le bâtiment des Archives, d'un nouvel incendie : on offrit à cette femme, de lui payer la fienne beaucoup plus qu'elle ne valoit : Non, dit-elle, je ne vendrai jamais une demeure qui s'eft confervée dans ma famille, depuis plufieurs Générations (1).

SI ces exemples étoient plus communs, l'Opulence fauroit que les ames fières & modérées, règnent en fouveraines dans leurs fphères étroites : que l'or, n'eft pas toujours la repréfentation de leurs propriétés.

---

(1) On demanda au Sultan pourquoi il ne s'emparoit pas, d'autorité, du Terrein de cette femme : — *C'eft chofe impoffible, cela ne peut fe faire ; c'eft fa propriété.*

L'Auteur de la *Légiflation Orientale* a cité ce trait pour prouver, contre Ricaut, que la Turquie n'appartient point en propre au Grand-Seigneur. M. Anquetil, ne croit pas au *Defpotifme de droit* : lifez l'excellent Ouvrage de cet Académicien, & vous verrez que le *Defpotifme de fait*, ne répugne pas moins à fon caractère & à fes principes. *Légiflation Orientale*, pag. 123.

CHAPITRE XXXVI.

Courage nécessaire à ceux qui se sont appau-
vris au Jeu : Devoirs de ceux qui s'y
sont enrichis.

VOUS que je ne saurois estimer, mais que je plains, parce que vous êtes malheureux, ne croyez pas que j'en veuille à vos personnes ; je ne suis pas un Délateur: le Ciel m'en est témoin ! je n'en veux qu'à votre vice.

PUISSE quelqu'autre, mieux inspiré que moi, les rendre enfin à la société ! celle où les Mœurs règnent encore, les invite à rentrer dans son sein. C'est-là, qu'ils retrouveront des parens , des amis. S'ils veulent une Compagne honnête, ils ne seront plus rejetés par les Familles, dont ils avoient inutilement brigué l'alliance. Qu'ils essaient de cette vie , & la comparent à celle qu'ils ont menée.

QUE les plus maltraités du Sort, au lieu d'en attendre un retour favorable, se produisent parmi nous, avec confiance. S'ils portent, désormais, un cœur pur sous un habit modeste, nous leur dirons ce que la Mère de Spurius disoit à ce jeune Romain, qu'une blessure honorable avoit rendu boiteux : — Que craignez-vous, mon cher fils ? marchez, afin que chacun de vos pas rappelle la mémoire de votre courage (1). Quoique la cause soit ici différente, l'effet feroit le même.

LES révólutions, maintenant, sont si promptes, si décisives, que d'un jour à l'autre les fortunes des joueurs passent de main en main. Quelques-uns, s'arrêtant à propos, pourroient jouir impunément des dépouilles de leurs concitoyens : ils ne m'auroient pas compris, s'ils se figuroient qu'il ne leur reste plus qu'à se garantir des revers, pour être exempts de tout reproche.

SELON l'esprit des bonnes Lois, rien ne sauroit légitimer ce que l'on tient de l'in-

---

(1) *Quin prodis, mi Spuri, ut quotiescumque gradum facies, toties tuarum virtutum veniat in mentem.* CIC. De Orat. II, 61.

juſtice. Juſtinien accordoit, pendant cinquante années, le droit de réclamer juridiquement contre les gains des joueurs: lorſque perſonne ne ſe préſentoit, le Tréſor public profitoit de la confication (1). Notre Roi Charles IX, vouloit que *les deniers & biens perdus aux jeux de haſard*, pendant la Minorité de ſes Sujets, puſſent être répétés par les parens (2). Outre que les *Statuts* des Rois d'Angleterre, annuloient tous les engagemens contractés au jeu, de quelque nature qu'ils fuſſent, ils promettoient encore des récompenſes aux Dénonciateurs (3).

Nos mœurs répugnant à toutes ces réclamations, & la reſtitution directe n'étant pas moins impraticable, ceux qui doivent leur fortune au jeu, ſont tenus à ſecourir les infortunés ; à ſe racheter, par de continuelles expiations : ſinon, ils en ſeront réduits quelque jour, à contempler triſte-

---

(1) *Repetat fiſcus, non obſtante niſi quinquaginta annorum proſcriptione.* Cod. Lib. III, Tit. 43.

(2) Ordonnance rendue aux Etats de Moulins, en février 1566.

(3). *Voyez* première Partie, Chap. V, pag. 35.

ment leurs richeſſes , empoiſonnées par le remords : s'ils n'ont plus de remords , ils s'appercevront qu'on les hait quoiqu'on les flatte.

J'AI ſeulement indiqué les Fripons : ce feroit leur faire grace, que de les confondre avec les Dupes. Quoiqu'on ne puiſſe rien contre la Peſte , on tâche de s'oppoſer à la Contagion.

CHAPITRE XXXVII.

De l'infidélité au Jeu.

NOUS avons déja vu des joueurs infidèles chez *les Gentous* (1) : il y en avoit auſſi chez les Romains , témoins les Dez *pipés*, trouvés dans les fouilles d'Herculanum (2). Malgré ce qu'on raconte des anciens Germains & de leur point d'honneur (3), il ſuffit de connoître l'eſprit du

____

(1) *Voyez* le Chap. III , pag. 20 de la première Partie.

(2) Ces Dez *pipés* font à Portici , dans le Cabinet du Roi de Naples.

(3) *Voyez* le Ch. II de la première Partie, p. 13 & 14.

jeu, pour être perfuadé que les effets en ont toujours été proportionnellement les mêmes : plus ou moins aviliffans, felon les conjonctures.

CETTE baffeffe, rigoureufement punie chez les Anciens, par les Lois & par l'opinion, a été trop épargnée chez les Modernes.

M. de la Curne de Sainte-Palaye, d'après un paffage d'Euftache Defchamps, Poëte qui vivoit fous Charles VI, préfume, cependant, que ceux qui friponnoient alors au jeu, étoient condamnés comme les Banqueroutiers, à porter le *Bonnet-vert* (1). Quelques recherches que j'aie faites, il ne m'a pas été poffible de trouver la moindre trace de cet ufage : je trouve, au contraire, que plufieurs de nos Rois ont eu la fimplicité d'attirer les Joueurs, de les careffer, & d'applaudir à leurs larcins.

---

(1)   Notre-Dame qui tant favez,
        Se votre ami qui bien vous fert,
        En jouant vous changeoit les Dez,
        Auroit-il pas *Chapeau de vert ?*
Manufcrit de M. de la CURNE DE SAINTE-PALAYE,
fol. 438, *Col.* I.

BRANTÔME dit que Louis XI, qui paroît n'avoir point eu de Secrétaire particulier, voulant faire écrire quelque chofe, apperçut un Clerc dont l'Ecritoire pendoit à fon côté ; & que celui-ci l'ayant ouverte, pour obéir au Prince, il en tomba des Dez. « Le Roi demanda ce que c'étoit » que ces fortes de Dragées : Sire, répon- » dit-il, c'eſt un remède contre la Peſte. » *Viens-çà*, dit le Roi, *tu es un gentil Pail-* » *lard*, (il uſoit ſouvent de ce mot) *tu es* » *à moi*, & le prit à fon fervice ; car ce » Prince, aimoit les bons-mots & les ef- » prits fubtils (1). »

ON voit encore, que Louis XI ne haïſſoit pas les efcroqueries (2), pourvu qu'elles fuffent ſingulières & rifibles. Duverdier raconte, fur la foi de l'Arétin, « qu'un Baron François qui avoit perdu » jufqu'à fes hardes, fe trouvant dans la » chambre du Roi, mit dans fa manche » une *Horloge*, garnie d'or maffif. Bientôt

---

(1) BRANT. Tom. VI. *Louis XI*, Difc. I, pag. 41.

(2) Les Perfans, felon CHARDIN, faifoient marquer les Efcrocs au front, avec un fer rouge. *Légiſlation Orientale*, &c. pag. 205.

» après, comme il étoit parmi la troupe
» des autres Seigneurs & Gentilshommes,
» *l'Horloge* à la malheure se mit à sonner.
» Qui fut bien esbahi ? Je vous laisse à
» penser si ce ne fut pas le Baron : il en
» devint tout rouge de grande vergogne ;
» & , quoiqu'il tînt le bras serré de toutes
» ses forces pour étouffer le son , *l'Hor-*
» *loge* ne cessoit de sonner clairement les
» Heures , de sorte qu'à chaque tintement,
» les Assistans se regardoient l'un l'autre
» de la tête aux pieds.

» LE ROI, qui d'aventure avoit vu faire
» le coup, ne put s'empêcher d'en rire,
» tant pour voir tous les Gentilshommes
» présens étonnés , ne sachant du com-
» mencement comprendre d'où venoit le
» son , que pour la nouveauté d'un si bel
» acte.

» ENFIN Monsieur le Baron , par le
» changement de couleur , à demi con-
» vaincu du Larcin , se mit à genoux de-
» vant le Roi, auquel il dit : Sire , les ai-
» guillons du jeu sont si puissans , qu'ils
» m'ont poussé à commettre un acte dés-

" honnête, dont je vous crie merci. Et
" comme il continuoit, le Roi, lui cou-
" pant la parole, lui dit : *Le passe-temps*
" *que vous nous avez procuré, surpasse tel-*
" *lement le dommage que vous m'avez fait,*
" *que l'Horloge est vôtre, & vous la donne*
" *de grand cœur* (1). "

La dextérité des Joueurs, fut insensiblement regardée comme un talent, & leur
servit d'excuse dans bien des circonstances. Sous Henri II, on plaisanta le Seigneur d'Alluye de ce qu'il s'étoit laissé
gagner par M. de Villeclair, Joueur très-
suspect, une belle chaîne d'or que le Duc
de Savoie lui avoit donnée (2). En rail-
lant les Dupes, on fit pulluler les Fripons.

Faute d'amusemens honnêtes, on en
imagina d'autres. Charles IX, s'amusa des
Filoux : voulant connoître leurs pratiques,
il ordonna à *son Capitaine de la chambre*

____

(1) Les Diverses Leçons d'Antoine Duverdier,
&c. pag. 496.

(2) Brant. Tom. IX , Disc. LXXXIII , pag. 67.
Le Maréchal de Bourdillon.

de lui amener, un jour de Bal & de Feſtin, dix ou douze de ceux que l'on appeloit *Coupeurs de bourſes*, *Enfans de la matte* ou *Tireurs de laine*. Lorſqu'ils eurent enlevé environ trois mille écus, en argent ou en pierreries, perles & bijoux, le Roi ſe rendit au Dépôt du butin & le leur adjugea. Il leur défendit il eſt vrai, ſous peine d'être flétris, de continuer un ſemblable métier (1).

PARIS, ſe rempliſſoit de Brigands de toute eſpèce. « En 1579, une Bande de » Joueurs Italiens, avertis par leurs Cor-» reſpondans, que Henri III avoit dreſſé » dans ſon Louvre un déduit de Cartes & » de Dez, vinrent à la Cour, & gagnè-» rent au Roi trente-mille écus, tant à *la* » *Prime* qu'aux Dez (2). »

LES Fripons eurent encore plus beau-jeu ſous le Règne ſuivant, & le bon Henri en fut ſouvent la Dupe : Pimentel, lui gagnoit beaucoup d'argent. Cet Italien, paſ-

____

(1) BRANT. Tom. IX, Diſc. LXXXVIII, pag. 451. *Charles IX*.

(2) Journal de Henri III, Tom. I, pag. 273.

foit pour être fort adroit, & très-fécond en ftratagêmes : on lui reprochoit d'avoir fait enlever tous les Dez qui étoient dans les Boutiques des Marchands, & d'en avoir fubfiftitué de *pipés* (1).

Sous prétexte d'arrêter cet efprit de rapine, on établit des Tripots, afin, difoit-on, d'y attirer les Chevaliers d'induf-trie & de les y furveiller plus facilement. Dès-lors, les jeux de hafard, l'efcroquerie & l'adultère, trouvèrent des Apologiftes: tous cés vices fe tiennent; ils marchent de front, dans les Satires de Juvénal (2).

---

(1) Mém. de Sully, Tom. VII, pag. 90.
(2) . . . . *Alea turpis,*
    Turpe & adulterium. Juv. Sat. XI, v. 174.

CHAPITRE XXXVIII.

De l'Epoque où l'infidélité au Jeu fut le plus à la mode.

CEUX qui auroient dû s'oppofer aux progrès du jeu, en donnèrent le fignal (1). Le Cardinal-Miniftre, qui en infecta la Cour & les Villes, pendant la Minorité de Louis XIV, étoit joueur plus que fufpect. Il ne fe gênoit point, & on le laiffoit faire : il eft vrai qu'on pouvoit le tromper impunément, pourvu que ce fût avec adreffe. Entre plufieurs tours que lui joua le Comte de G***, il fe plaifoit à raconter celui-ci : « Le Comte & moi nous promenant tous deux en Voiture, nous pariâmes l'un pour fa droite, l'autre pour fa gauche, à chaque Troupeau que nous rencontrerions dans la campagne. Je perdis en allant & en revenant : mon homme avoit pris fes précautions, pour avoir toujours les Troupeaux de fon côté. »

____

(1) *Voyez* le Chapitre XII de la première Partie, pag. 72.

TOUTES

Toutes ces gentilleſſes, ne paſſoient que pour des baſſeſſes chez le plus grand nombre : mais la publication de certains *Mémoires* (1), mit tout le monde à l'aiſe. Bien des gens crurent qu'il étoit permis de friponner au jeu, pourvu que l'on fût brave, que l'on eût de l'enjouement & de l'eſprit. Ces *Mémoires* firent & font encore la plus grande ſenſation, parce que le vice y eſt couvert de fleurs ; parce que celui qui en eſt le Héros, flatte tous les cœurs corrompus : pouvoient-ils manquer de réuſſir ?

L'Auteur de ce chef-d'œuvre ſcandaleux, nous aſſure, cependant, que le Comte de G*** étoit honnête homme dans les commerces eſſentiels, quoiqu'il fût infidèle au jeu & perfide en amour : ce qui peint la probité moderne. Pour le diſculper, au premier égard, il dit qu'il rendoit de cent façons, ce qu'il ne prenoit que d'une ſeule. Au reſte, ajoute-t-il, ayant gagné quinze Chevaux chez

____

(1) Mémoires du Comte de G ***, par le C. Antoine Hamilton.

M. de Turenne, il en laissa un pour les Cartes (1).

Un Cheval aux Cartes ! le trait est assez plaisant. Mais le Comte de Cameran, attiré dans un piège & dépouillé de sang froid, tandis qu'il étoit, en cas d'humeur, secrettement entouré de fusiliers : ce trait ne vaut pas celui d'un Voleur Anglois, qui, posté sur les grands chemins, faisoit payer aux Passans ce qu'il gagnoit à Dieu.

Ce Voleur, pour dévaliser l'Archevêque de Cantorbery, se mit en embuscade sur le bord d'un chemin, par où celui-ci devoit passer & revenir en peu de temps. Dès qu'il apperçut la Voiture, il s'agita. L'Archevêque en voulut savoir la cause. Qu'avez-vous, lui dit-il ? —Beaucoup de malheur : je me ruine ici.—Comment cela ?—Vous le voyez, je joue.—Quoi seul ?—Pardonnez-moi, je joue contre

_____

(1) Gourville, qui faisoit le niais, laissa cent pistoles par égard pour le Surintendant Fouquet, *ne sachant pas trop bien*, disoit-il, *comment il en falloit user dans cette occurrence.* Mém. de GOURV. Tom. I, pag. 252.

Dieu, & je perds cinquante guinées : tenez, Monseigneur, faites-moi la grace de
les donner aux Pauvres ; car c'est-là ma
convention, avec l'Être Suprême.

L'ARCHEVÊQUE, le prit pour un fou.
Ce fou menaçant, vouloit être obéi. L'Archevêque accepte, & continue sa route.
Le soir, il retrouve son Joueur au même
endroit ; & qui venoit, disoit-il, de faire
Dieu *Échec & Mat*, pour la sixième fois.
Dieu perdoit cinq-cents guinées : le Voleur, un pistolet à la main, somma le Prélat de les payer (1).

QUANT aux *Mémoires* en question, ils
devinrent le Manuel de la Jeunesse, des
Gens du Bon-ton ; & sur-tout des Esca-
moteurs, dont le règne pacifique ne fut
plus troublé que par des boutades passagères.

____

(1) Si cette Anecdote, que l'on trouve dans le
Mercure de France, Nov. 1768, est de pure invention,
si ce n'est qu'un Conte, j'ai eu soin de n'opposer ce
Conte qu'à des faits Romanesques ; car on sait que les
Mémoires du Comte de G * * * sont au rang des
Romans : je ne sache pas, sans exception, qu'il en
existe de plus corrupteurs.

On châtioit, quelquefois, les Maladroits : l'un deux ayant allégué les Inſtitutions Lacédémoniennes, qui autoriſoient la ruſe & le vol, au lieu d'être jeté par les fenêtres, en fut quitte, conformément aux Lois de Lycurgue, pour être fuſtigé. Mais il arriva qu'un Miſanthrope, s'appercevant qu'on le trompoit, tira ſecrettement ſon Couteau, &, d'une main ſûre, cloua ſur la Table celle de ſon Adverſaire : J'ai tort, lui dit-il, ſi les Dez ne ſont pas *pipés*. Quoiqu'ils le fuſſent, on le trouva très-inſociable. Il eſt bon, dans les circonſtances préſentes, de répéter ces choſes-là, de les écrire.

CHAPITRE XXXIX.

De la conduite que l'on tient, à préſent, avec les Joueurs infidèles.

CE qu'on appelle la Bonne Compagnie, s'eſt enfin dégoûtée des Joueurs trop ſubtils : quand ils ſont démaſqués, elle a ſoin de les éconduire; avec précaution, car ils portent des épées. Perſonne, dans cette conjonĉture, n'aime à tirer la ſienne : voilà leur ſauve-garde. Tant qu'ils ne ſont que ſuſpeĉts, on les reçoit, on les accueille. Dans le fait, on les craint plus qu'on ne les mépriſe : pour plus de ſûreté, on ne joue guère, en Italie, qu'avec des jetons d'ivoire.

NOUS ne voulons pas qu'on nous ruine à coup ſûr ; mais nous capitulons volontiers avec l'infamie, pourvu qu'elle ait du crédit & de l'argent; pourvu qu'elle procure ou vende des plaiſirs, & ſur-tout qu'elle amuſe : on s'ennuie tant, qu'on s'amuſe du crime.

M iij

QU'UN misérable Corrupteur, on a vu ce que je suppose, raconte naïvement ses propres turpitudes, on l'écoute, on en rit : quelques-uns, éblouis par son faste, l'admirent de bonne foi comme un prodige intéressant. On se dit tout haut, c'est un Coquin ; & plus bas, mais un Coquin unique ! On sait que sa maison, n'est qu'un repaire ; que non - seulement il vole au jeu, mais encore qu'il accorde à ses flatteurs, en forme de gratification, le privilège d'en faire autant : on le sait, tout le monde y court; sa maison, est remplie tous les soirs.

ON prétend que les Joueurs infidèles, font plus rares qu'autrefois : c'est qu'on en parle moins, & qu'on n'oseroit les accuser; c'est que leurs infidélités manifestes, passent trop souvent pour des méprises. Delà, ces tentatives inouies, jusque dans les Maisons Royales, & sous les yeux des Princes. On joua, dernièrement, *du cuivre contre de l'or* dans le Palais d'un grand Roi : on mangea furtivement *un As* chez l'Impératrice de Russie, qui s'en apperçut & en gémit.

LES femmes, abufent tellement du privilège de tromper à tous les jeux, que les
Banquiers de profeffion refufent le fervice; & que des Gens titrés, fe font par
complàifance *Tailleurs de Pharaon*, comme les Patriciens à Rome fe faifoient Gladiateurs.

CEUX qui ne veulent pas qu'on les
ruine à coup sûr, fe difpenfent de jouer
avec les Femmes, fous prétexte que les
Hommes font aujourd'hui trop malheureux.

QUANT aux Fripons d'importance, on
s'en débarraffe comme on peut. Lorfqu'on
eft forcé de jouer contre eux, on joue le
plus petit jeu poffible : on s'abftient de
ponter, quand ils *tiennent la main ;* ou bien,
on leur fait comprendre, fans qu'ils puif-
fent s'en formalifer, ce qu'on ne leur diroit pas impunément (1).

---

(1) L'un de nos Magiftrats, connu par de grands
talens, & qui a voyagé dans le Nord, m'a parlé d'une
Nation fameufe, où les propos & l'infidélité au jeu,
ne tirent pas encore à conféquence : fi je reçois le
détail qu'il m'a promis à cet égard, je l'inférerai quelque part que ce foit ; je n'ofe m'en flatter, car le
temps & l'Imprimeur me preffent.

M iv

Parmi les Adverſaires de ces Fripons, quélques-uns ne ſe font aucun ſcrupule de les mettre à contribution, en les faiſant tomber dans leurs propres filets : s'il n'y avoit beaucoup de haſard dans ces ſortes de repréſailles, ce ne ſeroit que voler des voleurs.

LES Maiſons trop attentives, & trop difficiles, au gré de certains Joueurs, ēn font refluer une partie dans les Tripots. N'ayant qu'une Théorie très-ſuperficielle de ces *Mauvais lieux*, je renvoie à un Ouvrage intitulé *Les Grecs* : je préviens que l'ordure y eſt tellement remuée, qu'elle ſoulève le cœur. On n'y voit que des Dupes, aux priſes avec des Fourbes meſquinement gagés ; & qui travaillent au profit de ceux qui les nourriſſent, comme les Criminels ſe font Exécuteurs pour ſauver leur vie.

J'AI connu le Chef de ces *Croupiers*, & vais, bientôt, le faire connoître.

CHAPITRE XL.

De l'aveuglement de quelques Joueurs ; sur-tout, des Joueurs novices.

IL en eſt, que vous avertiriez en vain : l'inſtant arrive, le beſoin preſſe, & l'audace l'emporte ſur l'évidence. Ils voient qu'on les trompe : ils le voient, & continuent ; c'eſt qu'ils ſe figurent, que leur fortune triomphera de tout ; que les Fripons, ſe méprendront peut-être.

LE premier ſoin de ces derniers, eſt d'aller à la quête des Dupes ; il n'en faut qu'une pour les tirer d'affaire : « que cer- » tains hommes, dit La Bruyère, en trou- » vent ſous leur main, autant qu'il en faut » pour leur ſubſiſtance ; voilà ce qui me » paſſe. » Si ce grand Peintre, qui mépri- ſoit trop les Joueurs pour les hanter, les avoit vus de plus près, s'il avoit joué lui-même, il auroit compris qu'il ne ſuffit pas de leur montrer les Pièges, pour les en garantir.

« Je les connoissois, m'a dit quelqu'un qui n'étoit pas dénué d'expérience ; je m'y suis laissé prendre. Je fus livré, par un Perfide, à des Fourbes qui s'étoient pourvus d'avance, de tout ce qui pouvoit enflammer l'imagination. Ils s'apperçurent de ma défiance, & dissimulèrent. On ne parut jouer, d'abord, que par désœuvrement. De la table, on se remit au jeu ; toujours pour tuer le temps, disoit-on : je m'y piquai ; ce jeu devint énorme, je m'abymai. »

On s'étonne, de ce que les Fripons ne manquent point de Dupes ; & moi, je suis surpris qu'ils n'en fassent pas davantage. Je leur trouve, à cet égard, une sorte de discrétion, quand je considère tant d'Energumènes, pour qui l'occasion est le séducteur le plus redoutable.

Supposez qu'un homme, jeune, ardent, & d'une cupidité prématurée, voie, pour la première fois, une *Table de Pharaon* surchargée de monceaux d'or, qui s'écoulent des *Pontes* au *Banquier*, vont & reviennent jusqu'à ce qu'ils s'engloutisfent dans la fatale *Corbeille*, que le Sort favorife prefque toujours, parce qu'elle a pour elle le plus grand nombre de *Chances* : fuppofez.... point de fuppofitions ; il s'agit d'un fait qui me regarde. Ne me fuis-je pas annoncé, comme jouant un rôle effentiel, dans cet Ouvrage où l'Egoïfme eft néceffaire (1) ?

JE déclare donc, qu'en pareille circonftance je faifis une Carte, que je la couvris d'or. Sans favoir ce qu'il falloit craindre ou defirer, j'affrontai le hafard avec d'autant plus d'intrépidité, que j'en ignorois les viciffitudes. J'étois joueur, par inftinct : je l'étois, avant d'avoir joué, avant d'avoir appris le jeu. — On y gagne ! il fuffit, je gagnerai. — Prenez garde, me dit quelqu'un, ce jeu eft inégal. — Je gagnerai vous dis-je !

HÉLAS oui, je gagnai ! Ce qui me confole, c'eft que le jeu ne m'a point enrichi:

---

(1) *Voyez* le Chapitre XIX de la première Partie, pag. 122 ; & le Chap. XXIV de la feconde Partie, pag. 106.

je préfume, que l'on ne croit pas qu'il m'ait dégradé. Que ferois-je devenu, fi j'étois tombé entre les mains de l'Intrigant dont je vais tracer le portrait?

CHAPITRE XLI.

Des Chevaliers d'induftrie.

LE commerce des Méchans, corrompt l'ame, encore plus que le temps ne flétrit le vifage : nous ne naiffons pas vicieux ; nous le devenons, par la fréquentation des hommes dépravés. S'il étoit poffible de fuivre la chaîne de nos paffions, en remontant jufqu'aux premiers anneaux, nous ferions effrayés de l'altération de notre exiftence morale.

QUE les fruits de l'expérience font amers ! Notre cœur avide d'amitié, s'ouvroit à toute la nature : on l'a trompé fi fouvent, qu'à préfent il fe refferre. Les plus généreux, en font réduits à craindre avant d'aimer. Nous devenons prudens, mais fans bonté : nous ménageons tout le monde, afin qu'on nous ménage ; & cette lâcheté, nous l'appelons de l'indulgence.

COMME j'écris, sur-tout, en faveur des jeunes gens si faciles à séduire, j'avertis ceux qui envoient leurs enfans dans les Villes Capitales, de les précautionner contre les Intrigans, qui ont le Département de la Jeunesse & des Etrangers.

VOICI la marche ordinaire, de ces Intrigans. Le début est difficile, & plusieurs sont arrêtés en chemin. Ils ne parviennent qu'après de longs travaux, de rudes épreuves : mais ils souffrent tout, pour être tolérés. Pour avoir du crédit, ils se lient avec des hommes honnêtes, ou qui passent pour tels. Quand ils n'ont point de titres, ils s'en fabriquent : peu de gens les leur contestent. On trouve ces Messieurs utiles aux plaisirs de la société, dont ils font les frais aux dépens des Dupes qu'ils produisent dans le monde.

LE revenu des Chevaliers d'industrie, n'est d'abord fondé que sur l'inexpérience de ceux qu'ils ont grand soin de s'attacher par des appâts de toute espèce ; afin de les ruiner quelque jour, s'ils doivent être riches ; ou d'en faire des Complices, s'ils n'ont que des Difpofitions.

APRÈS les avoir promenés d'erreurs en erreurs, après leur avoir fuggéré une foule de befoins & de vices, ils les font jouer s'ils font Majeurs : ils leur vantent le jeu, comme une reffource infaillible ; & voilà, dès l'origine, le but où ils vouloient les amener.

ALORS, le Protecteur livre fes Petits-amis à des Exécuteurs, qui les dépouillent au profit commun des Confédérés. On n'attend pas toujours la Majorité, pour frapper les grands coups. Quand un Père opulent redoute les efclandres, on immole brufquement la jeune victime, de crainte qu'elle n'échappe par inconftance. On capitule, avec ceux qui conteftent ; & l'on cède au Tuteur, qui réclame la protection du Magiftrat.

TOUT Paris, a connu ce fameux Aventurier, qui fit tant de bruit & tant de mal. Cet homme à mille faces, ce Protée non moins corrupteur que corrompu, chan-

geoit de nom, de quartier & de Ville, selon ses diverses intrigues. Quoique ardent,
& d'une activité inconcevable, sa froide
scélératesse ne se pressoit jamais. Démê-
lant, d'un coup d'œil, les rapports les plus
confus, il ourdissoit sa trame avec patience, & consommoit le crime avec sé-
curité.

TANTÔT, il avoit un concert pour les
Amateurs; des soupers fins, pour les Femmes galantes; & des séances particulières,
pour ceux qui visoient à l'esprit : tantôt,
il trafiquoit de tout, & n'étoit pas plus
embarrassé de procurer un Bénéfice qu'une
Maîtresse ; car il avoit des Associés, dans
tous les rangs, dans tous les corps.

VINGT *Tailleurs de Pharaon* travail-
loient pour lui pendant les nuits, tandis
que ses Emissaires étoient à la piste des
nouveaux débarqués, & de ceux qui venoient d'hériter.

LES fourbes, ne tardent point à se tra-
hir : celui dont il s'agit, en garde de tous
côtés, pouvoit opposer à chacun de ses
vices, la pratique de la vertu contraire.

On l'accufa d'ufure : il prouva qu'il avoit prêté, fans intérêt, des fommes confidérables. Lâche & rampant dans le tête-à-tête, il étoit fier & redoutable en public : ceux qui l'avoient fait trembler, n'ofoient contredire l'opinion que l'on avoit de fon courage. Sa probité, plus que fufpecte, n'en étoit pas moins défendue par ceux qui fe croyant fes Dépofitaires, n'étoient, à leur infu, que fes Receleurs.

AFFABLE, féduifant, mais tel que ces Brigands d'Egypte qui n'embraffoient les gens que pour les étouffer (1) ; il ne montroit jamais plus de dévouement, que lorfqu'il méditoit une perfidie ; ni plus d'affurance, que lorfqu'il en étoit convaincu. Se jouant & de l'honneur & des Lois, il étoit fûr, quand la Juftice fe mêloit de fes affaires, d'avoir pour folliciteufes les parentes des Juges.

IL vivroit, il jouiroit encore de fa perverfité, s'il eût moins compté fur les reffources précédentes : mais, ayant juré de

_____

(1) SENEC. Epift. LI.

confondre

confondre l'innocence, par de nouveaux artifices, il manqua son chef-d'œuvre de scélératesse, & succomba malgré la fécondité de son génie.

L'EXTRAIT mortuaire de cet habile homme (1), exposé dans les carrefours, & flétri par la main du Bourreau, se trouve *aux Galères de* ***.

JE tiens d'un Magistrat de Langres, l'abrégé de la vie & du procès criminel, d'un joueur nommé Bernard. Cet homme, non moins universel que le précédent, étoit moins habile, en ce qu'il faisoit violence, quand la séduction ne lui réussissoit pas (2).

______

(1) *Quippe quamvis infami inerat industria : nec virtutibus ut boni, sed quomodo peſſimus quiſque vitiis valebat.* TACIT. Ann. Lib. III, §. 77.

(2) Honoré Bernard, Provençal, entré au service à l'âge de dix-sept ans, le quitta dix ans après, pour jouer & filouter. Il fit rapidement son chemin, par sa figure, son esprit & sa prodigalité. Il parcourut les principales Villes du Royaume, avec tant de succès, qu'il fut admis dans les bonnes maisons. En 1768, l'oncle d'un jeune Gentilhomme qu'il avoit trompé, le dénonça au Parlement de Toulouse : faute de preuves suffisantes, il fut renvoyé absous. Moins heureux au Parlement de

Partie II.   N

CHAPITRE XLII.

Suite & conclusion du Chapitre précédent.

INDÉPENDAMMENT des crimes secrets (1), si l'on calculoit ce que les Intrigans, les Aventuriers, & ceux que l'on nomme Chevaliers d'industrie, prélèvent sur les biens de ceux qui débutent dans le monde, on verroit qu'il n'est point d'impôt plus onéreux, ni plus contraire à la prospérité publique.

LA plupart des compagnons de ma jeunesse, ont passé par leurs mains : les plus à plaindre, aujourd'hui, ne sont pas ceux qui n'ont perdu que la moitié de leur Pa-

---

Besançon, il y fut condamné, en 1773, aux Galères perpétuelles : il trouva le moyen de s'évader. Enfin, ayant été arrêté à Basle, avec l'un de ses Associés, pour avoir fait violence à un Officier du Régiment Provincial d'Autun, son Complice & lui furent exécutés à Langres, le 8 avril 1774.

(1) *Voyez* seconde Partie, Chap. XIX, pag. 89, ce qu'en disoit le Prévôt de Paris en 1397, & ce qu'en pensent les Magistrats de nos jours.

trimoine ; ni ceux qui réduits au simple
néceſſaire, après avoir nagé dans l'abondance, ſont encore en état de ſubſiſter à
leurs dépens.

EN peu d'années, que de révolutions
dans les Familles ! Que ſont devenus ces
brillans Rejetons des Maiſons les plus illuſtres & les plus floriſſantes ?.... Leurs
parens & leurs amis, ſe taiſent.

VOUS voulez que je me marie, diſoit
un Citoyen trop inſtruit des progrès de la
corruption : regardez la génération préſente, qu'eſpérer de la future ? J'ai le
malheur, ajoutoit-il, de ne pas connoître
un Adoleſcent, dont je vouluſſe être le
père.

SI l'on remontoit à la ſource des baſſeſſes & des crimes, tous les ordres de
l'Etat n'auroient qu'un cri, pour dénoncer
les corrupteurs de la jeuneſſe, & les fauteurs des jeux publics : mais on ſoutient,
qu'il ne faut pas réformer tous les abus ;
qu'il eſt néceſſaire, pour la proſpérité publique, d'en laiſſer ſubſiſter quelques-uns,

N ij

quoiqu'ils blessent les mœurs. C'est au limon du Nil, nous dit-on, que l'Egypte doit sa fertilité (1).

J'ENTENDS : c'est donc pourquoi l'on n'a pas encore purgé les promenades & les spectacles, d'un tas de Courtisannes obscènes, qui osent, en plein jour, enseigner à nos enfans le vice à nu ? c'est pourquoi la fille d'un triple Banqueroutier, devient Comtesse ou Marquise, avec les deniers de la Veuve & ceux de l'Orphelin, dont le malheureux Père s'est brûlé la cervelle ?

QUANT au Limon du Nil, pourquoi féconde-t-il constamment les bords de ce fleuve ? c'est que ce Limon n'a rien de nuisible, sans quoi l'Egypte seroit stérile depuis long-temps.

PAR de fatales combinaisons, si ces abus, & tant d'autres, sont désormais nécessaires, gémissons & taisons-nous : mais on ne me persuadera jamais, non jamais, qu'il soit nécessaire, dans aucun cas, de ménager les

____

(1) De l'Esprit, Disc. II, Chap. XV.

joueurs ; de tenter la cupidité, par des Tripots toujours ouverts, & par des Bureaux où l'on vend de fausses espérances (1).

JE vais, enfin, parler des jeux d'Etat. « On ne sauroit, aujourd'hui, les improuver » *sans témérité*, dit un fameux Casuiste (2), » *sur-tout* après l'exemple qu'en a donné » le Pape Clément XI (3). » Quant aux exemples des Papes, n'imitons que leurs vertus : quant au reproche de témérité, fait à ceux qui oseroient écrire contre les Loteries, je demande au Docteur Pontas, s'il a prétendu inculper les Parlemens, qui se sont crus dans l'obligation de les interdire, en vertu des Lois constantes du Royaume ; qui les ont considérées *comme un grand abus, auquel il étoit nécessaire de*

---

(1) *Non est irritandus animus ad avaritiam, ad querelas, ad discordiam : suâ sponte in ista fertur. Quantum possumus, resistamus, & quærenti occasiones amputemus.* SENEC. De Benef. Lib. III, Cap. XV.

(2) Dictionnaire des Cas de Conscience, *par M.* PONTAS, Article *Loterie.*

(3) Une Loterie de Cent-mille Ecus, fut établie à Rome le 11 mars 1713, par l'ordre de Clément XI.

pourvoir; qui ont fait défenſe, *d'en tirer aucunes ?* Je demande à ce Docteur, pourquoi nos Rois ont accordé, accordent encore, la permiſſion d'imprimer & de vendre les Livres qui condamnent les Loteries (1) ? c'eſt, apparemment, parce qu'ils veulent le bien & ne craignent pas la vérité.

---

(1) Voyez *Les Cas de Conſcience*, par M. de Sainte-Beuve ; *La Logique de Port-Royal* ; & l'*Hiſt. Crit. des pratiques ſuperſtitieuſes*, par le P. Le Brun, ſeconde Edition dédiée au Cardinal de Fleury, où il eſt dit : « Quand on veut montrer les inconvéniens » qui naiſſent des Loteries, il n'eſt pas difficile d'en » découvrir pluſieurs, & de faire appercevoir qu'elles » ſont un moyen d'allumer & d'irriter la cupidité des » hommes, en leur faiſant deſirer de s'enrichir ſans » travail. » *Tom. I, pag.* 265.

Voyez ſur-tout, *Le Cours d'Etude pour l'inſtruction du Prince de Parme*, Tom. XIII, pag. 161 ; & l'*Eſſai d'Arithmétique morale*, par M. de Buffon : Ouvrages où les Loteries ſont appréciées, par ces deux grands Maîtres dans l'art de penſer & d'écrire.

CHAPITRE XLIII.

De l'ufage du Sort & des Loteries, chez les Anciens.

Nous voici parvenus, au dénouement de la fureur du jeu : c'eft-à-dire, à fon plus grand excès ; car les Peuples, maintenant, jouent par-tout contre l'Etat, comme j'ai dit que les joueurs novices, jouent contre ceux qui leur tendent des pièges.

Soit en Paix, foit en Guerre, on ne fauroit à préfent fe paffer de Loteries, ou de reffources équivalentes : après la corruption des mœurs, le plus grand mal qu'elles aient produit, c'eft qu'on s'eft permis de tout rifquer fans prudence, de tout entreprendre fans génie.

Les Grecs, n'avoient point de Loteries: on ne voit pas que ce peuple de Fataliftes, ait auffi fouvent que nous employé le fort, pour fuppléer à la prudence.

Il fe paffa bien du temps à Rome, avant que le hafard y prît la place des fuffrages (1) ; avant que l'on se fût avisé, de tirer au sort le Département des Provinces. Peu de temps après que cette République eut subi le joug de quelques Ambitieux, en attendant celui des Barbares, on ne tarda point à y connoître l'usage des Loteries. Les Empereurs, quoique avides pour la plupart, ne s'en servirent que par faste, par caprice, ou par ineptie : quelquefois, comme Auguste, pour s'amuser de la cupidité de leurs Convives (2).

NÉRON, faisoit jeter au Peuple, jusqu'à mille *Billets* par jour : quelques-uns de

---

(1) Les Romains, furent long-temps sans avoir recours à ce qu'ils appeloient *Sors Provinciarum.* Pour châtier le Despotisme & la Vénalité, Juvénal dit : « Nous ne participons plus aux affaires publiques, » & c'est depuis qu'on a dédaigné d'acheter nos suf- » frages. » *Sat. X, v. 77.* Ce Satirique, se plaignoit de ce que tout dépendoit du sort, & du caprice des Empereurs.

Un mauvais plaisant publia, en 1705, une Brochure dans laquelle il prétendoit prouver, que tous les Peuples s'en étoient toujours rapportés au sort, pour ce qui regardoit la décision des affaires les plus importantes.

(2) SUET. *Vita Aug.* Cap. XCVIII.

ces *Billets*, procuroient des esclaves, des navires, des maisons ou des terres (1). Domitien, pour avilir les Sénateurs & les Chevaliers, les fit participer à ces sortes de Distributions (2).

LAMPRIDE, raconte qu'Héliogabale, dans ses Festins ridicules, faisoit tirer au sort, des Chameaux, des Mouches, & tout ce que lui suggéroit sa démence naturelle.

SI cette Mine, aujourd'hui si féconde, n'a pas été exploitée par les Tyrans de Rome, ce fut par d'autres égards que ceux de la Justice : quand le Despotisme est au comble, il est encore plus simple de proscrire, que de faire des Loteries. Qu'il suffise que les Titus, que les Trajan & les bons Empereurs, n'en aient pas eu besoin, pour se faire craindre au dehors, respecter au dedans ; pour laisser après eux, tant de Monumens utiles, dont les ruines majestueuses nous

____

(1) SUET. *Vita Neron.* Cap. IX.

(2) SUET. *Vita Domit.* Cap. V.

enſeignent encore, ce que peuvent la juſtice, la conſtance & le travail.

CHAPITRE XLIV.

Des premières Loteries modernes.

TACITE, parle d'un Proconſul qui abrégeoit l'année, pour faire payer plus ſouvent le même impôt aux Tributaires de Rome ; & l'on ſait que pluſieurs Monarques, ont, autrefois, altéré les monnoies.

AUJOURD'HUI, l'on s'y prend mieux : lorſqu'on veut, à quelque fin que ce ſoit, obtenir, promptement & ſans murmures, de nouvelles contributions, on ſuſcite de nouveaux beſoins, *on travaille un pays en Finance.* Au lieu de veiller ſur les mœurs, & de récompenſer les vertus, on cherche à tirer parti des vices : ce qui ne peut s'exécuter, qu'en redoublant la corruption.

DÈS que les Gouvernemens s'apperçurent, que le plus grand nombre jouoit, ils devinrent joueurs : ils modifièrent d'une manière artificieuse & séduisante, différens jeux de hasard, où ils avoient toujours plus à gagner qu'à perdre. Les Chefs des Nations rivales, publièrent à l'envi des jeux d'Etat, sans songer que la ruse & la fraude, répugnent essentiellement à l'Autorité Souveraine, dont le principal caractère doit être la droiture : dont le plus beau triomphe, est de rendre les Cités heureuses & florissantes.

CETTE peste moderne, nous vient de l'Italie. Gènes & Venise, en ressentirent les premières atteintes avec tant d'ardeur, que bientôt on n'adora plus que le Sort, dans ces deux Villes fondées sous de meilleurs auspices. Le Commerce y languit : on aima mieux transiger à l'aide du hasard, que d'avoir recours aux Actes légitimes.

ON lit dans Gregorio-Leti (1), que les Vénitiens furent tellement épris de ces nouveaux jeux, qu'ils s'en servirent

____

(1) Critique Historique, Politique, &c. des Loteries, *Tom. I, pag. 119.*

pour trafiquer de leurs Bijoux, de leurs Meubles, de leurs Terres. La superbe Maison de Campagne du médecin Salvatico, dit le même Auteur, fut gagnée par un Batelier, qui la vendit à vil prix : on ne l'acheta que pour en faire, sur-le-champ, une nouvelle Loterie. Cette demeure de l'opulence, appartint successivement & par le même moyen, à différens Maîtres hors d'état de l'habiter.

Sous le Doge François Erizzo, on tiroit des Loteries dans les Maisons privées, dans les Places publiques, & jusque dans les Couvens. Le Conseil des Dix, en voulut connoître : il y fut observé, que cet ennemi domestique perdroit la République. Que dites-vous, répliqua l'un des membres de ce Conseil ? Plût à Dieu, que nous n'en eussions jamais de plus redoutables que les Loteries ! De pareils ennemis, mériteroient, de notre part, le titre de Bienfaiteurs.

La République vendit d'abord aux particuliers, ce dangereux Privilège qu'elle devoit bientôt s'arroger exclusivement :

les Princes qui ont emprunté d'elle cette reſſource pernicieuſe , en ont uſé de même.

DANS le XVe ſiècle , une étincelle de ce feu dévorant, s'échappa vers la France. François premier, *afin d'amortir*, diſoit-il, *la fureur du jeu*, accorda moyennant deux-mille livres tournois de rétribution annuelle , des Lettres-Patentes (1) à l'un de ſes Sujets , pour créer une Loterie ou *Blanque* (2), qui devoit avoir cours dans

---

(1) En 1539.

(2) Le Commiſſaire de la Mare dit , d'après Meſnage & du Bouchel, que « le jeu de la Loterie fut » rapporté d'Italie en France, ſous le titre de *Blan-* » *que* , *di Bianca :* les Italiens , ajoute-t-il, la nom- » moient ainſi en ſous-entendant *Charta* , à cauſe des » Billets blancs qui y ſont en plus grand nombre que » les noirs ; & encore parce qu'en tirant la Loterie, » l'uſage eſt de dire à haute voix *Bianca* , ſi c'eſt un » Billet blanc. » *Traité de la Police, Tom. I, Liv. III, Tit. IV, Chap. VII.*

La *Blanque* s'appeloit auſſi Loterie : *Nova iſta aleæ ratio , quæ a nobis* LOTERIA *appellatur* , diſoit Chriſtophe Longeuil qui écrivoit en 1520. On ne s'accorde pas trop , ſur cette dénomination. Quelquesuns ont cru que le mot Loterie , venoit de *Ludus ollæ* , ainſi nommé à cauſe du Vaſe où l'on mettoit les Billets que l'on devoit tirer au ſort. Les Dictionnaires

tout le Royaume. Cette Loterie, ouverte pendant plus de deux ans, ne fut point remplie : il ne paroît pas qu'elle ait jamais été tirée, puisqu'il n'en est fait aucune mention, ni dans l'Histoire, ni dans les Mémoires de ce temps. On lui donna vainement plusieurs formes, pour la rendre plus attrayante : il n'y avoit pas assez de Luxe, pas assez de joueurs. Les têtes n'étoient pas encore exaltées, comme elles le furent plus de cent-cinquante ans après.

QUOIQUE rejetée par tous les Ordres de l'Etat, le souvenir de cette Loterie resta dans la mémoire de ceux qui ne vivoient, alors, que des malheurs publics. Des Instigateurs nationaux, échauffèrent les esprits, par le récit de ce qui se passoit à Gènes & à Venise.

Sous les Règnes suivans, on fit diverses tentatives. Pendant la Minorité de Charles IX , un Particulier , ayant obtenu des

de Furetière & de Trévoux , dérivent Loterie de Lot, parce que les Loteries ne sont guère composées que de Lots de Marchandises, ou de sommes d'argent dont on forme les Lots.

Lettres-Patentes, ouvrit une Loterie ou *Blanque*, dont l'objet n'étoit pas de conséquence : il ne s'agiſſoit que d'une Montre d'or. Ce Particulier, n'en fut pas moins traduit au Châtelet, & enſuite au Parlement. L'Avocat Général Dumeſnil, s'y couvrit de gloire, tant par la force de ſes raiſons, que par l'Arrêt qu'il obtint (1).

LE Parlement de Paris, tandis que la fureur du jeu s'autoriſoit de l'exemple de la Cour, rendit, ſous Henri IV (2), un nouvel Arrêt (3) contre ceux qui tenoient des *Blanques* : il annula ces honteux privilèges, comme ayant été ſurpris & extorqués.

DIX ans après, le Procureur Général eut commiſſion de faire ſaiſir une *Blanque permiſe & ouverte en la Ville de Soiſſons,*

____

(1) L'Avocat Général DUMESNIL dit, dans ſon Réquiſitoire, « que de tels jeux de Sort n'ont jamais » été approuvés par leurs Prédéceſſeurs ; d'autant que, » *hæc omnia penitùs ab homine chriſtiano aliena vi-* » *dentur.* » La Cauſe fut plaidée & jugée le 23 mars 1563.

(2) *Voyez* dans la première Partie le Chap. X, pag. 61.

(3) Le 5 Décembre 1598.

à la ruine des habitans d'icelle (1) : ce font les termes du Réquifitoire.

L'ANNÉE fuivante, il y eut plufieurs *Blanques* dans la Ville d'Amiens : elles eurent le même fort que les précédentes, *parce qu'elles étoient*, difoit toujours le Parlement, *la ruine du pauvre Peuple*. (2).

TOUTES ces Loteries privées, en préparoient d'autres, qui ne tardèrent point à s'établir chez nous, dès qu'elles furent adoptées en Angleterre & en Hollande.

____

(1) Cette Commiffion eut lieu pendant les Vacations, le 11 Septembre 1608.

(2) Arrêt du 13 Février 1609.

CHAPITRE

CHAPITRE XLV.

Etablissement des Loteries, en Angleterre & en Hollande.

LES Loteries, souffrirent moins de contradictions chez les Insulaires nos Voisins, plus hardis que nous lorsqu'il s'agit du gain. Ces jeux d'Etat, si redoutables, & que l'on regarde maintenant avec tant de complaisance, ne passèrent en Angleterre, que vers la fin du siècle dernier. Ils furent proposés au Parlement national, dans les Sessions du mois de Janvier 1694. On fut long-temps à s'accorder ; & même, il y eut de grands débats : ce Parlement, moins sage que le nôtre, en permit l'établissement.

LES circonstances étoient critiques. L'Etat avoit besoin d'argent, pour faire la Guerre : il en falloit, & promptement. On vota pour une Loterie de douze-cents-mille livres sterlings : elle fut remplie, en moins de six mois. Amis & Ennemis, tout

Partie II. O

le monde y porta. Les vrais Patriotes, en murmurèrent: *Taisez-vous*, leur disoit-on, *cette Loterie est la Reine des Loteries; c'est elle qui vient de prendre Namur* (1). On ne répliquoit pas: C'est elle, qui perdra nos Mœurs, notre Gouvernement; qui nous fera détester dans les deux Indes; & soulèvera peut-être, un jour, tous les Peuples de l'Europe contre notre avidité.

LA Politique marchande, n'étoit pas faite pour dédaigner ces nouveaux appâts: aussi la Ville d'Amersfort, à l'exemple de Londres, & sans autre prétexte que le gain, forma-t-elle le projet de la première Loterie qui ait été tirée en Hollande. Quelques-uns des *Lots* promettoient des Fermes & des Terres Seigneuriales, que l'on pouvoit, après la décision, se faire payer en argent comptant. Ces Fermes & ces Terres, furent visitées par toutes sortes de gens, qui s'arrangeoient d'avance, comme s'ils avoient été sûrs de leur fait.

LA folie des Hollandois, n'en céda point

---

(1) Cette Ville fut prise, en 1695, par Guillaume III Roi d'Angleterre.

à celle des Vénitiens. On établit des Loteries dans la plupart des Villes, & dans presque tous les Districts. On s'étouffa pour avoir des *Billets* : on en prit, pour les revendre & y gagner. Les trois quarts de ceux que l'on rencontroit dans les rues & sur les chemins, ne couroient, si l'on en croit Grégorio-Leti, qu'après ce Fantôme qui les détournoit de leurs professions, de leurs métiers.

DE graves Professeurs, ne parloient plus que de Loteries à leurs Elèves : la tête en tournoit, aux Ministres des Autels. Si quelqu'un s'en abstenoit, on le blâmoit de cette indifférence : on l'accusoit de ne pas aimer les Hommes, puisqu'il négligeoit ce moyen de les servir. « Mes meilleurs » amis, dit Leti, m'ont traité de Père » dénaturé, pour n'avoir pas voulu ris- » quer quelques *Billets*, au profit de mes » Filles (1). » C'en étoit fait de la Hollande, si cette fièvre ne s'étoit pas un peu calmée.

____

(1) Critique des Loteries, &c. Tom. I, pag. 153.

CES jeux furent adoptés, de proche en proche, par la plupart des Nations Européennes, & par celles même qui d'abord les avoient rejetés; tant il est vrai, que l'exemple n'agit pas moins sur les Sociétés respectives, que sur les Individus !

ON persuada aux Princes, que les Loteries pourroient suppléer aux impôts, aux emprunts, & servir à éteindre les dettes nationales : on ne les avertit pas, qu'il s'établiroit entre les Gouvernemens, une concurrence, dont l'effet leur seroit à tous également préjudiciable.

COMME celui qui présentoit le plus d'appâts, faisoit les plus grands gains, ces jeux de hasard se multiplièrent en peu de temps. Pour regagner ce qu'on perdoit chez l'Etranger, on mit les Citoyens aux prises, & son propre pays en combustion : on s'embarrassa fort peu des conséquences, pourvu qu'il en résultât de l'argent, à mesure que l'on en avoit besoin (1).

----

(1) . . . . *En aspice gentes ;*
Nemo infons : pacem servant commercia culpæ.
SIL. ITAL. Lib. II.

CHAPITRE XLVI.

Etabliſſement des Loteries en France.

PLUSIEURS cauſes retardèrent, chez nous, l'établiſſement des jeux d'Etat projetés ſous François Premier. Après les Guerres & les troubles civils, il fallut rétablir l'ordre, réprimer les nobles, réformer les mœurs. Le Parlement, ſous Louis XIII, s'acquitta ſi bien de cette dernière fonction, que les Inſtigateurs des jeux dont il s'agit, ne firent pas la moindre tentative : ils s'enhardirent, ſous le Miniſtère du Cardinal Mazarin.

ON accorda des Lettres-Patentes, en 1656, pour l'établiſſement d'une Loterie propoſée par l'Italien Tonti, afin de conſ-truire un Pont de pierre entre les Galeries du Louvre & le Fauxbourg S. Germain, le Pont de bois qui y étoit auparavant, ayant été conſumé par un incendie. La Loterie de Tonti, n'eut point d'exécution.

DEUX ans après, pluſieurs Aſſociés ob-tinrent par leurs intrigues, & par le crédit de quelques Courtifans, le privilège d'une Loterie de Marchandifes : celle-ci, plus captieufe que les autres, & bien reçue, auroit été remplie; mais les Six-Corps des Marchands, s'opposèrent à l'enregiftrement des Lettres-Patentes, & le Parlement fit droit à la Requête (1).

LA première Loterie Royale, tirée en France, le fut, à l'improvifte, dans un moment d'enthoufiafme, occafionné par le Mariage de Louis XIV, & la publication des fêtes de la Paix (2). Le Parlement voulut bien autorifer cette Loterie, fans tirer à conféquence : celles qu'il n'avoit pas fu prévoir, furent promptes & immédiates.

LA moitié de la Nation, fe voyant privée des Loteries publiques, dont elle venoit de faire l'effai, eut recours aux Loteries étrangères : en forma de particulières, de tous côtés. Les Maîtres & les Valets, en firent de proportionnées à leurs moyens.

____

(1) Arrêt rendu le 16 janvier 1658.
(2) En 1660.

On en fit de Bijoux, de meubles, d'uften-files : afin que tout le monde pût y jouer, il y en eut *à cinq fous le Billet.*

Le Roi, fentit la néceffité de défendre toutes ces Loteries fubalternes : le Parlement & la Police, les fupprimèrent à diverfes reprifes, en remontrant toujours que la première n'avoit été permife, *qu'en vertu d'une réjouiffance extraordinaire, & pour célébrer l'heureux Mariage du Roi* (1).

Dès qu'on vit, qu'il n'étoit plus poffible de contenir une partie des Citoyens, dont le vertige alloit toujours en augmentant, on acheva de les empoifonner, car on mit le mal dans le remède.

______

(1) Arrêt du Parlement, rendu fur les Conclufions de M. Talon, le 11 mai 1661.

Sentence de Police, rendue fur le Réquifitoire du Procureur du Roi, en 1670.

Défenfes réitérées par le Lieutenant de Police, le 24 mars 1681.

Ordonnance de Louis XIV, du 14 mars 1687. Sa Majefté déclaroit ces fortes de Loteries « contraires » à fes intentions : elle faifoit très-expreffes inhibi- » tions & défenfes, à toutes perfonnes, de quelque » qualité & condition qu'elles fuffent, de faire ni » faire faire aucune Loterie, fous quelque prétexte » que ce pût être. »

LE Conseil d'Etat, ouvrit à l'Hôtel de Ville de Paris, en 1700, une Loterie Royale de dix-millions de Livres. Voici comment on fit parler le Roi : « Sa Majesté » ayant remarqué l'inclination naturelle » de la plupart de ses Sujets, à mettre de » l'argent aux Loteries particulières, à » celles que des Communautés ont eu la » permission de faire, pour l'entretien & » soulagement des Pauvres, même à celles » qui se font dans les Pays étrangers, & » desirant leur procurer un moyen agréable » & commode de se faire un revenu sûr » & considérable, pour le reste de leur » vie, même d'enrichir leurs familles, en » donnant au hasard des sommes si légères » qu'elles ne pussent leur causer aucune » incommodité, a jugé à propos &c. » Tous les termes de ce Préambule, sont remarquables. Plaignons les Princes, dont les Sujets se laissent prendre à des appâts si grossiers.

ON peut tout risquer, puisque cet Arrêt du Conseil, & tant d'autres, ont trouvé des Approbateurs. Le Commissaire de Lamare, que sa place mettoit, tous les jours, à portée de voir les ravages causés par les Loteries, n'a point rougi d'écrire sérieusement, ce que l'on est tenté de prendre pour un sarcasme. « Les Loteries, » dit-il, sont l'unique jeu auquel les der- » niers du Peuple, puissent décemment » jouer contre le Souverain : c'est le seul » jeu où l'on puisse, en un moment & » d'un seul coup, faire fortune & se trou- » ver dans l'abondance, en ne risquant » presque rien (1). »

C'EST l'Historien de la Police, le Com- pilateur des Ordonnances de nos bons Rois, & des Arrêts de nos plus dignes Magistrats, c'est lui qui s'exprimoit ainsi, lorsque la Philosophie commençoit à rayon- ner de toutes parts : lorsque le Chancelier d'Aguesseau, foudroyoit les Agioteurs, & les partisans des gains illégitimes (2).

CETTE récidive, consterna les Sages : tous les Gens sensés, en murmurèrent.

---

(1) Traité de la Police, &c.

(2) Voyez le *Mémoire sur le Commerce des Actions.* Œuvres du Chancelier D'AGUESSEAU, Tom. X.

Lorsqu'un Etat, difoient-ils, a befoin de Contributions, pourquoi recourir à des expédiens, qui le ruinent & le dégradent? Si le Prince ne demande rien que de jufte, il l'obtiendra : s'il corrompt pour fatisfaire fon fafte & fes caprices, tôt ou tard il perdra fes droits, & fa puiffance onéreufe. C'en eft fait, ajoutoient-ils, quand on afferme le vice : les anciennes Républiques, fe foutenoient mieux par le courage que par l'argent (1).

JE ne parlerai point de l'art avec lequel les Loteries ont été, récemment, combinées en Europe : on voit affez & ce que j'en penfe, & ce que j'en pourrois dire. Laiffons l'examen du temps préfent, à ceux qui viendront après nous.

IL faut, cependant, répondre à des Auteurs, qui, dans l'origine, ont approuvé les jeux d'Etat, foit qu'ils fe trompaffent de bonne foi, foit qu'ils fe fuffent vendus à l'injuftice.

____

(1) *Virtute quam pecuniâ, res Romana melius ftetit.* TACIT. Hift. Lib. II, §. 69.

CHAPITRE XLVII.

De quelques Apologistes des Jeux d'Etat.

VERS le commencement de ce siècle, des Théologiens, des Philosophes, des Magistrats, en un mot, tous ceux qui pensoient & vouloient le bien, réclamèrent contre les Loteries (1). Ce qui fut dit, alors, ou écrit en faveur de cet abus, ne mérite pas qu'on y réponde : je ne puis

---

(1) Avant de consulter la *Critique des Loteries, &c.* par GREGORIO-LETI , je m'attendois à des considérations utiles : je n'y ai trouvé que de l'incohérence & des écarts. Quand on veut être saillant & singulier contre le vœu de son sujet, on risque de mettre à la tête de ses Chapitres , des titres aussi ridicules que ceux-ci : — *Distribution des Lots de la Nature, dans le Négoce & dans le Commerce :* — *Loterie des Astres & des Animaux :* — *Loteries produites par la Nature & par la Grace , dans le Spirituel & dans le Temporel:* — *Que la Médecine n'est qu'une Loterie , &c. &c. &c.*

Si les jeux d'Etat n'avoient pas été mieux attaqués, je ne pourrois citer personne : mais un homme assez modeste pour ne se pas nommer, a publié, en 1742, une *Dissertation Théologique* où les grands motifs de la Religion, qui proscrit les Loteries, sont exposés dans tout leur jour.

m'en difpenfer, puifque les mêmes fophif-
mes ne font pas encore décrédités.

JE fupprime les noms de plufieurs
Savans étrangers, qui ont approuvé les
Loteries. Martin Delrio, Docteur de Sa-
lamanque, Jéfuite & ami de Jufte-Lipfe,
a foutenu, l'un des premiers, qu'elles
formoient une efpèce de contrat auffi
jufte que les autres ; qu'elles ne bleffoient,
ni le droit Divin, ni le droit Naturel :
les Princes, ajoute-t-il, peuvent les tolérer
& même s'en fervir, pourvu que ce foit
en faveur du bien public ; car ce motif
les rend pieufes , & conformes à la Religion (1). Les fucceffeurs de Delrio, en
développant fes principes, y ont ajouté
de nouvelles erreurs.

UN François, plus recommandable, à
cet égard, par l'érudition que par le jugement, le P. Meneftrier, faifit cette occafion de fe délivrer d'une fcience mal

---

(1) *Pia enim & religiofa eft confuetudo, qua* **Prin-**
*ceps vel Refpub. talem licentiam contractûs fortiarii
concedens, aliquam partem fic refervat : nec injuriam
facit contrahentibus , &c.* Difquifitionum Magicarum,
&c. *Venetiis*, M. DC. LII, pag. 446.

digérée. Parce qu'il retrouve dans la plus haute antiquité, quelques circonstances où l'on se décidoit par le sort, il croit nos Loteries modernes suffisamment justifiées.

CE Galant-homme, car il étoit de bonne foi, avoit lu dans les Proverbes de Salomon, que les différends devoient se terminer par le Sort (1); & là-dessus, il s'écrie : voilà la Loterie en termes positifs, la voilà !

NE croyez pas que ce Savant passe sous silence, *les Sorts de Præneste* (2), & les autres délires de l'Antiquité. Quand il en vient aux temps modernes, il n'oublie pas non plus les moindres formalités *aléatoires*, communément employées dans l'ordre civil & religieux : ce sont les Cardinaux qui commencent, en entrant au Conclave, par tirer leurs Cellules au sort; c'est le Sort qui règne souvent au Barreau, dans les Camps, dans les Académies, &c. De tous ces faits accumulés, il en conclut avec Delrio, que le Sort est de droit divin,

---

(1) *Contradictiones sedeat sortitio.* Proverb. 18.
(2) CIC. *De Divinat.* Lib. II,

de droit naturel ; & que le Gouvernement peut, en sûreté de conscience, faire jouer le Peuple.

Ce bon Religieux, finit, néanmoins, par quelques restrictions : il défend d'admettre aux Loteries, les Pauvres, les Domestiques & les Enfans. C'étoit, en peu de mots, réfuter son propre Ouvrage : le profit des Loteries, le plus clair & le plus net, vient moins des Riches, que de la multitude indigente. Au reste, les erreurs de ce petit Livre ne sont pas dangereuses (1).

Un autre Savant, qui m'est plus suspect que le P. Menestrier, le fameux Jean Le Clerc, plaida pour les Loteries, contre la raison & l'humanité qui perdirent ce grand Procès, en vertu duquel nous payons encore d'immenses arrérages.

____

(1) Dissertation sur les Loteries. *Lyon, chez Laurent Bachelu. 1700.*

CHAPITRE XLVIII.

Erreurs de Jean Le Clerc, relativement aux Loteries.

APRÈS avoir étalé une érudition peu conséquente, & l'avoir entre - mêlée de sophismes rebattus, cet homme, mal inspiré, pour appaiser peut-être le cri de sa conscience, finit gauchement un Ouvrage qui conseilloit la ruine (1), il le finit par un *Traité de la Bienfaisance*, laquelle n'a jamais ruiné personne.

QUE l'on juge de ses principes. Il soutient qu'il est permis, aux Gouvernemens,

______

(1) *Réflexions sur ce qu'on appelle Bonheur & Malheur en matière de Loterie.*

Cet Ouvrage, est en effet suivi d'un petit *Traité de la Bienfaisance*. Il est possible que ce Traité postiche, ait fourni l'idée de la *Caisse de Bienfaisance*, fondée, il y a quelque temps, sur l'une de nos Loteries : les mauvais conseils, sont plus suivis que les bons. Le Roi & son Directeur Général des Finances, avant de rien statuer sur certaines Loteries établies avant eux, & qui leur déplaisent, ont commencé par supprimer cette *Caisse* abusive.

de profiter des mauvaifes difpofitions dont ils ne font point la caufe ; & qu'ils peuvent fomenter l'avarice, pourvu que ce foit à bonne intention (1) : comme fi le mal produifoit, à la longue, autre chofe que du mal.

MAIS voici comment il raifonne. Il y a toujours eu, dit-il, il y aura toujours des Joueurs conjurés l'un contre l'autre, fans fruit pour la chofe publique : fervons-nous de leur manie pour ériger des Temples, bâtir des Hôpitaux, & décorer les Villes. Falloit-il, pendant cinquante ans, pâlir fur les Auteurs Grecs & Latins, pour s'exprimer ainfi ?

IL fuffifoit, dans Athènes, d'avertir les Citoyens opulens des befoins de l'Etat, pour que ceux-ci fe fiffent un devoir d'équiper des vaiffeaux, d'élever des murailles, de paver les rues, de donner des

______

(1) « Il faut, dit J. LE CLERC, trouver le moyen de
» rendre les Peuples libéraux, par principe d'avarice;
» & les engager à donner, tout d'un coup, beaucoup
» aux Pauvres, par la feule envie qu'ils ont de de-
» venir riches. » *Réflexions, &c. Chap. X.*

jeux

jeux & des feſtins (1) : n'avons-nous point de Riches, ou n'eſt-il plus de Pauvres ?

OBSERVONS, que l'on n'a preſque rien fait de grand, dans les temps modernes, que par force & par ruſe. Pour achever St. Pierre de Rome, & ſurpaſſer la magnificence de Ste. Sophie de Conſtantinople, Léon X prétexta une guerre contre les Turcs : cette guerre lui facilita le moyen d'établir, dans toute l'Europe, une Loterie Spirituelle, où l'on vendoit, dans mille Bureaux, des Indulgences à ſon profit (2).

FERMONS les yeux ſur tous ces Monumens, de fauſſe grandeur, de fauſſe humanité, que le Vulgaire contemple avec admiration, quoiqu'il ſache bien que ſa ſottiſe en fait les frais.

QU'IMPORTE les Monumens faſtueux, lorſqu'il s'agit de la ſubſiſtance journalière des Peuples ? Convient-il de faire jouer le Peuple, pour lui donner quelque jour un

---

(1) ARISTOT. *Ethic.*

(2) Cette Loterie diviſa l'Egliſe ; le Schiſme, n'eſt pas prêt à finir.

Partie II.   P

Lit à l'Hôpital (1)? D'ailleurs, cette misérable ressource, si c'en est une, va toujours en s'épuisant. Demandez-le, à ceux
qui perçoivent les Impôts : ils vous diront,
que le nombre des Contribuables, diminue
à mesure que l'on établit de nouvelles Loteries ; & que, si l'on continue, il y aura
bientôt plus de Mendians que de Soldats,
plus de *Dépôts* que de Casernes. Toutes
les sociétés actuelles, sont dans un état
forcé ; & qui ne sauroit durer long-temps,
sans amener de grandes révolutions.

LORSQUE Jean Le Clerc prit la plume,
pour écrire en faveur de ces jeux destruc-
teurs, pourquoi ce fameux Critique, qui
avoit tant de fois cité *les Dits notables des
Anciens*, ne s'est-il pas rappelé la Réponse
que fit Démonax, consulté sur un abus
moins nuisible que celui dont il s'agit ? Les
Athéniens demandèrent à ce Philosophe
Crétois, s'ils devoient, à l'exemple des
Corinthiens, établir chez eux un Spectacle
de Gladiateurs : *vous ne le sauriez*, leur

_____

(1) *Voyez* le Chap. XVII de la première Partie,
pag. 102.

dit-il, *avant d'avoir détruit l'Autel de la Miséricorde* (1).

IL parle de décorer les Villes : les mœurs en font le plus bel ornement, difoit Zénon, elles feules en font la véritable fplendeur.

QUAND la Terre ébranlée, renverfoit, engloutiffoit, jadis, les Villes de l'Afie Mineure, on les rebâtiffoit avec plus de folidité : on les rendoit plus belles, plus commodes, fans débaucher le Peuple ; & la Divinité, fous quelque nom qu'on l'invoquât, ne manquoit ni de Temples, ni d'Autels.

EST-CE aux Joueurs, aux Ravisseurs du bien d'autrui, qu'il convient de fournir les matériaux de l'Arche Sainte ? de faire, ce qu'on appelle de pieufes fondations (2) ? On vit dans la primitive Eglife des Brigands convertis, dont les richeffes mal acquifes, devinrent, malgré l'envie

---

(1) LUCIEN, *Vie de Démonax.*

(2) *De juftis laboribus facite eleemofynas ; ex eo quod recté habetis date.* S. AUGUST. Tom. V, Serm. 113.

qu'ils avoient de les répandre, stériles &
incommunicables (1).

LES Prêtres du Paganisme, ont souvent
rejeté les dons offerts par des mains im-
pures : nous qui adorons le vrai Dieu, de
quel front osons-nous lui adresser nos prières & nos vœux, dans des Temples dont
chaque pierre, dont chaque vase attestent
la séduction & la rapine ?

FLÉCHIER refusa d'employer, à la cons-
truction d'une Eglise, les fonds destinés
à des aumônes : *Quels Cantiques*, disoit-
il, *valent les bénédictions des Pauvres ; &
quel spectacle plus digne de Dieu, que les
larmes des Indigens essuyées par ses Ministres* (2) ?

LA plus fameuse de nos Loteries, fut
méprisée, dans l'origine, par un Pasteur
vertueux, & assez conséquent pour refu-

____

(1) CALMET, *sur le Deuter. pag.* 259 ; FLEURI,
Hist. Ecclés. Liv. 8, *N.* 50.

(2) Eloges, &c. par M. d'ALEMBERT, pag. 424 ;
Paris, 1779.

fer celle qu'on lui offrit, afin de rebâtir l'Eglife de S. Sulpice (1).

Ces jeux, ajoute Le Clerc, ne portent pas la moindre atteinte à la liberté des Citoyens : *on ne force personne.*

Et l'on répète encore cet argument (2)? Si tel eft le fruit des progrès de l'efprit humain, *le Citoyen de Genève* a bien fait de nous renvoyer à notre antique barbarie, moins dénaturée que nos Mœurs financières.

On ne force perfonne ! L'Ufurier qui

---

(1) « Nous fommes sûrs qu'en 1713 M. Tifferand, » qui faifoit des Conférences dans le Séminaire de » S. Sulpice, prouvoit aux Séminariftes que les Lo- » teries ne font pas permifes. MM. du Séminaire de » S. Sulpice, défapprouvoient donc les Loteries, il y » a trente ans. Un des motifs qui les leur faifoit con- » damner, étoit *le droit prélevé par les Maîtres des* » *Loteries.* On difoit alors que M. de la Chétardie, » Curé de cette Paroiffe, en refufant une Loterie, » s'étoit conformé aux principes de M. Tifferand. » *Differt. Theol. fur les Loteries, p. 127. M. DCC. XLII.*

Le droit prélevé, &c. eft un impôt vicieux de la part du Prince : de la part des Particuliers qui font fecrettement des Loteries, c'eft un vol manifefte.

(2) *Ratio hoc poftulat, ne quid infidiosè, ne quid fimulatè, ne quid fallaciter.* Cic. de Offic. Lib. II, Cap. XVII, §. 68.

s'enrichit des débris de l'Infortune, sûr de son fait, attend paisiblement sa proie ; il ne contraint qui que ce soit d'acheter son argent (1) : faut-il le tolérer ? Si vos enfans étoient tourmentés par une soif ardente, laisseriez-vous près d'eux un breuvage empoisonné ?

PÈRES des Peuples ! Rois, Ministres & Pontifes, ignorez-vous ce que c'est que la soif de l'or ? Ne savez - vous pas que les Hommes, dès qu'ils voient briller le simu-

---

(1) Je ne connoissois pas un éloquent morceau de Saint Ambroise, lorsque j'ai dit que l'Usurier n'attend que les momens de crise, pour consommer la ruine des Joueurs. « Il vit avec eux, dit ce grand Archevêque, & leurs Pertes fait son Gain. Au jeu, le sort varie ; la victoire change souvent de parti ; le bonheur & le malheur passent inopinément de l'un à l'autre ; tous gagnent, tous perdent : l'Usurier, gagne toujours. Ses profits sont d'autant plus sûrs, que ne risquant rien, il s'enrichit aux dépens des furieux qu'il épuise, en paroissant les secourir. Regardez les Joueurs : riches & pauvres d'un instant à l'autre, leurs fortunes & leurs vies n'ont pas plus de consistance que les Dez qui s'échappent du Cornet. Autant de coups, autant de ruines, au profit de l'Usurier qui les épie. » *Inter has feras vivis, fœnerator, atque versaris : his bestiis cibum eripis.* S. AMBR. Tom. I, de Tob. Cap. II, pag. 602.

lacre de la Fortune, ceſſent de raiſonner,
ſont plus impatiens, plus foibles que des
enfans ?

POMPÉE, faiſoit la Guerre en Afrique;
quelques-uns de ſes Soldats y trouvèrent
un Tréſor : le bruit s'en répandit, & le
reſte de l'Armée, ſourd aux ordres du Général qui vouloit marcher en avant, ſe mit
à fouiller la terre, pendant trois jours de
ſuite (1).

UN Impoſteur déclare, en plein Sénat,
qu'il ſait où ſont enfouis les Tréſors de
Didon. On ne doute point, parce qu'on
eſpère ; & Néron prodigue les richeſſes
de l'Empire. Chacun l'imite : on ſe félicite, on s'extaſie d'avance. Que produiſit
dans Rome cette vaine attente ? ce que
les Loteries produiroient chez nous, ſi on
les ſouffroit plus long-temps : une miſère
univerſelle (2).

JEAN LE CLERC s'eſt trompé : de quelque manière qu'il ſe ſoit prêté à la dé-

____

(1) PLUTARQUE, *Vie de Pompée.*
(2) TACIT. *Ann. Lib. XVI*, §. 3.

fenſe de cette cauſe, je veux croire qu'il y eut plus d'imprudence que de projet.

CHAPITRE XLIX.

Influence des Loteries.

LES effets de ce levain, ſe déclarèrent par de triſtes ſymptômes : la vertu fut plus rare, l'eſprit public prit un autre tour. Comme la cupidité ne connoît plus de bornes, lorſqu'elle a franchi les limites naturelles, on peſa tout au poids de l'or, on vécut au haſard.

DÈS que les Loteries furent en vogue, elles devinrent le fonds commun, quoique imaginaire, de ceux qui n'en avoient point d'autres, ou de quiconque vouloit tenter des entrepriſes ſupérieures à ſes moyens. Les eſprits en furent tellement préoccupés, qu'elles eurent pour tributaires des Citoyens de toutes les claſſes. On y mit à tout propos, pour *un oui*, pour *un non;* pour la naiſſance d'un enfant, pour le gain d'un procès. S'il arrivoit de recouvrer des deniers que l'on croyoit perdus, on se hâtoit de les jeter dans *la Roue de Fortune.*

CE fut alors, que l'on craignit moins d'engager sa parole, de violer les Dépôts : le Pistolet étoit chargé, disoit un homme qui venoit de gagner *le Gros Lot,* la dernière ressource de ses Créanciers, en supposant qu'il ait pu se résoudre à les payer. Chaque *Tirage,* occasionnoit des Banqueroutes, des Suicides ; répandoit dans les familles, la consternation, le déshonneur.

LOIN de s'éteindre, la fureur des jeux domestiques n'en fut que plus ardente : cent *Roues de Fortune,* périodiquement agitées dans l'Europe, rendirent, par leurs promesses magnifiques, les pertes journalières plus supportables ; ne servirent, qu'à redoubler la témérité des joueurs.

LE Riche & le Pauvre, furent également séduits par ces nouvelles illusions : l'un, s'attendit à grossir subitement son trésor ; l'autre, espèra la fin de sa misère.

QUAND ce vertige eut gagné les Habitans de la Campagne, ont les vit, par un attrait irréfiftible, quitter la charrue, accourir dans les Villes; &, le Billet en main, ne plus fe repaître, fur la foi de ce vain titre, que d'efpérances chimériques. Les Loteries, cependant, n'étoient pas encore ce qu'elles font aujourd'hui.

VOULEZ-VOUS en connoître le preftige ? regardez cette multitude avide, cette foule infenfée, de tout état, de tout fexe, de tout âge : Peuple crédule & trompé ! qui attend, dans les Palais des Rois, que le Sort ait prononcé fes Oracles, tantôt en préfence d'un Prêtre . . . quoi d'un Miniftre de l'Être Suprême & binfaifant ! tantôt fous les yeux de Thémis, indignée de cette nouvelle manière de la proftituer.

SUR des milliers d'hommes, pour un ou deux qui réuffiffent, vous verrez tous les mois, & plus fouvent encore, des Malheureux perdre tout; quelques-uns, jufques à l'efpérance : mais vous n'entendez ni leurs foupirs, ni leurs gémiffemens.

On a soin d'étouffer les sanglots, par le bruit des fifres & des tambours, qui célèbrent pendant la paix, ces odieuses conquêtes de l'Etat sur le Citoyen, du Citoyen sur ses Frères.

LES acclamations de la Capitale, retentiront jusqu'au fond des Provinces. Les Journaux, les Gazettes, publieront les *Numeros* gagnans. Les noms des Favoris de la Fortune, volant de bouche en bouche, consignés sur des Listes couronnées de festons & de fleurs, ameuteront de toutes parts de nouveaux concurrens. On affichera de nouvelles espérances, sur tous les piliers, dans tous les Carrefours. Cent Hérauts de la Cupidité, ne cesseront, à toute heure, en tous lieux, de tenter, de harceler les Passans.

DÉJA, dans l'espoir d'un gain prompt & facile, le Père de famille à l'insu de son Epouse, convertit en stériles Papiers le pain de sa maison : déja l'Artisan, abandonnant sa tâche commencée, vend les instrumens de son métier.

CE fatal espoir, se glisse & pénètre

jusqu'au sein des Cloîtres : le Solitaire inquiet, oubliant ses vœux, étonné de ses desirs mondains, regrette les biens qu'il a quittés.

LE croira-t-on ? le Supérieur d'une Congrégation de Pénitens, volontairement dévoués au silence de la mort, sollicita le privilège de faire jouer le Public, à ces jeux si contraires, je ne dis pas seulement à la charité Chrétienne, mais à la simple humanité. Il obtint ce qu'il demandoit : — Ah mon Père, lui dit un homme vertueux, quel scandale pour les Fidèles, quand ils entendront crier dans Paris, *Loterie de la Trappe* (1) !

---

(1) « Feu M. Bazin, dont tout Paris a connu la
» piété & les talens, étant allé à la *Trappe* il y a
» peut-être vingt-cinq ans, l'Abbé lui apprit qu'il
» venoit d'obtenir la permission d'ouvrir une Loterie,
» pour rétablir le temporel de son Abbaye. *Ah mon*
» *père*, lui dit M. Bazin, *quel scandale ne sera-ce*
» *point pour les Fidèles, d'entendre crier dans les*
» *rues de Paris, Loterie de l'Abbaye de la Trappe !*
» La représentation de M. Bazin, produisit un effet
» heureux. L'Abbé fit ses réflexions : il renvoya à la
» Cour, la permission qu'il avoit obtenue, & ne voulut
» plus entendre parler de Loterie. » *Dissert. Théol.*
sur les Lot. 1742. *pag.* 128.

Eh bien ! continuera-t-on d'alléguer les mêmes prétextes ? dira-t-on, toujours, qu'on ne force perſonne ?

CHAPITRE L.

Réſultat des Chapitres qui concernent les Loteries.

Le Parlement avoit-il tort, au commencement du ſiècle précédent (1), de repréſenter que *ces coupables jeux ſont la ruine du pauvre Peuple ;* qu'ils ſont faits pour changer les Empires les plus floriſſans, en vaſtes ſolitudes, en repaires de Voleurs ?

Si ce grand abus perſiſte, j'oſe prédire que l'Europe s'en repentira. Le mal preſſe : ceux qui ſont intéreſſés à l'entretenir, forgent dans les ténèbres de quoi le redoubler. On oſa bien publier, il y a peu d'années, le projet d'une Loterie au moyen de laquelle l'Artiſan & le Pauvre, auroient pû jouer ſur le champ, dans des

---

(1) Arrêts du Parlement de Paris, rendus en 1608 & en 1609.

Bureaux publics, l'un ſon ſalaire, l'autre ſes aumônes ; & cela, depuis ſept heures du matin, juſqu'à dix heures du ſoir (1).

IL n'y a pas long-temps encore, que les Loteries étoient moins compliquées, moins fréquentes. Laiſſez faire, diſoit quelqu'un, on nous fera jouer tous les jours, à toute heure : qui ſait, ce qu'il en pourroit arriver (2) ? La Philoſophie, ajoutoit-il, nous apprend juſqu'où l'humanité peut s'élever : il ſeroit affreux d'enviſager, à quel point les Loteries pourroient la ravaler.

JE tiens d'un honnête homme, qui dirigeoit contre le Peuple, mais en gémiſſant, l'une de ces Machines deſtructives, que s'il n'en avoit pas modéré l'effet, il auroit, infailliblement, bouleverſé la moitié des fortunes d'un grand Royaume : qu'il auroit réduit au déſeſpoir, la plupart de

____

(1) Pluſieurs Journaux, ont rendu compte de ce Projet : autant que je puis me le rappeler, il en eſt parlé dans l'*Année Littéraire*, ann. 1776 ou 1777.

(2) *Quemquam poſſe putas mores narrare futuros ?*
MARTIAL.

ceux qui ne subsistent que par le travail & l'industrie.

J'étois effrayé, néanmoins, du nombre de Millions qu'il avoit, au nom de l'Etat, ramassés en peu d'années : « Ce n'est rien, me disoit-il, en comparaison de ce qu'auroit produit une Administration plus insidieuse ; de ce qu'auroient pu rendre les Provinces Maritimes & Frontières ; les Villes de l'intérieur, & les Bourgades. Dans les trois quarts du Royaume, on prenoit tant d'intérêt à ma Loterie, qu'on y savoit à quelle heure elle se tiroit, quoique l'on fût, en général, dans l'heureuse impuissance de s'y ruiner. »

« FIGUREZ-VOUS, ajouta-t-il, que lorsque je remis cette Banque entre des mains plus hardies que les miennes, on commençoit déja, du fond des Châteaux & des Comptoirs les plus éloignés, à nous envoyer des mises exorbitantes, à jouer par Lettres de Change. »

CE ne sont point-là de vaines Déclamations, ce sont des faits incontestables.

Raſſurons-nous : notre Prince ne veut, n'a jamais voulu, que le bien. Il eſt économe, il eſt généreux ; enfin, il eſt juſte. Le digne Chef des Finances de ce bon Roi, n'a pour amis que les amis du bien public : ſon ame eſt honnête, ſon cœur eſt pur. On ſait qu'il a du génie ; & qu'il n'attend, comme il l'a déclaré, que des circonſtances favorables, pour guérir la France de cette Peſte invétérée (1).

VOICI ce que penſe des Loteries, l'un des plus grands Philoſophes de notre ſiècle : en un mot, le Réformateur de Locke. « Les Souverains, dit l'Inſtituteur du » Prince de Parme, renonceront aux Lo-» teries, comme ils ont renoncé aux rui-» neux moyens d'altérer les Monnoies : il » ſe trouvera peut-être quelque Calcula-

---

(1) Le Cenſeur de cet Ouvrage, déclarant qu'il en approuvoit tous les principes, n'a point diſſimulé à Monſeigneur le Garde des Sceaux que les Loteries y étoient blâmées : cette reſtriction, quoi qu'en ait dit l'Auteur du *Dictionnaire des Cas de Conſcience*, n'a cauſé aucun retardement, ni de la part du premier Magiſtrat, ni de celle de M. le Directeur Général des Finances. *Voyez le Chap. XLII de cette ſeconde Partie, pag. 197, not. 2.*

» teur

» teur habile, qui leur démontrera que
» cette reſſource momentanée, n'eſt pas
» moins préjudiciable que l'autre. Si cette
» fraude moderne duroit autant que la
» première, je ſuis perſuadé qu'elle cau-
» ſeroit bien d'autres ravages (1). »

Pourquoi cet Ecrivain profond, lu-
mineux, n'exécuteroit - il pas ce nouvel
Ouvrage, dont la poſtérité ne le béniroit
pas moins que des premiers ? pourquoi,
de concert avec ſon digne Frère (2), ne
travailleroit-il pas à nous laiſſer de nouveaux moyens de réforme ? J'en vais riſ-
quer quelques-uns, mais ils ne ſont pas
nouveaux.

----

(1) Cours d'Etude pour l'inſtruction du Prince de
Parme, *Tom. XIII*, *pag. 161*.

(2) *Voyez* le Chap. XXXII de la première Partie,
pag. 192.

CHAPITRE LI.

Que des Lois passagères, ne suffisent pas pour arrêter la fureur du Jeu.

LES Lois, sans les mœurs, seront toujours insuffisantes : elles peuvent quelquefois contenir les Méchans, elles ne sauroient les rendre bons.

LE Gouvernement s'occupoit, autrefois, beaucoup plus qu'aujourd'hui, de la réformation des mœurs. Le Parlement de Paris, en 1615, ne se contenta pas de supplier le Roi, de renouveler les anciennes Lois portées contre le jeu (1), d'en

______

(1) « Le Public, ayant grand intérêt à la conser-
» vation des familles, qui tombent souvent en ruine
» & décadence, à cause des Jeux & Brelans auxquels
» la Jeunesse est souvent attirée par des Gens perdus,
» qui sont Ministres & instrumens de sa débauche,
» & par ce moyen consomme ce qu'elle a de bien,
» & se rend après inutile au service du Public : Que
» les Ordonnances & Arrêts intervenus sur le fait
» desdits Brelans, soient exécutés nonobstant tous
» Brevets & Déclarations, &c. *Arrêt du Parlement de Paris, rendu le 28 mars 1615.*

faire de nouvelles, & de relatives aux circonftances : « Sire, ajouta-t-il, les Offi-
» ciers de votre Parlement, n'ayant dé-
» généré de la vertu & fidélité de leurs
» Pères, ont jugé que le plus grand &
» plus notable fervice qu'ils puffent ren-
» dre à Votre Majefté, étoit de lui faire
» entendre les défordres, afin qu'Elle
» puiffe y apporter remède par fa fingu-
» lière prudence. Comme il faut que toute
» maladie prenne fin, ou par la mort,
» ou par la guérifon, ainfi eft-il nécef-
» faire que les défordres, qui font vraies
» maladies des Etats, finiffent, ou par
» une fubverfion entière de l'Etat, ou par
» une réformation univerfelle, &c. »

Les Succeffeurs de ces grands Magiftrats, n'ont pas ceffé de tenir le même langage : tantôt, leurs Remontrances ont été
rejetées ; tantôt, réduits au filence, leurs
vœux ont expiré dans le Sanctuaire de la
Juftice. Nous n'avons, depuis long-temps,
que des palliatifs.

Sous Louis XV, le jeu devint fi con-
fidérable, qu'après plufieurs Réglemens

éphémères , auffi mal digérés que mal affortis au caractère national , on s'avifa, ne fachant plus comment s'y prendre, de capituler avec les joueurs. « Nous décla-
» rons, dirent les Maréchaux de France,
» que nous n'aurons aucun égard aux de-
» mandes qui pourront être portées de-
» vant nous , pour raifon de créances
» qui , procédant des pertes faites au jeu,
» excéderont la fomme de mille livres ,
» fous peine de prifon , & telles autres
» peines que nous jugerons à propos d'in-
» fliger , contre l'une ou l'autre des deux
» Parties qui auront contrevenu à notre
» défenfe (1). »

BIEN des Gens, s'apperçurent que cette Loi, bleffoit gratuitement des préjugés uti-les : qu'elle répugnoit à nos ufages , qui ne fauroient fe paffer du point d'honneur, ce Repréfentant néceffaire, des vertus que l'on n'a plus (2).

____

(1) Cette Ordonnance eft du 6 mai 1760.

(2) Lorfqu'on vit chez nous , en dernier lieu , que l'on fe relâchoit fur les Procédés, & fur *la Régle des Vingt-quatre heures*, on dut en prévoir les inconvé-piens. Je viens , enfin , de recevoir le détail annoncé

ILS remarquèrent encore, que l'Ordonnance étoit vague , partiale ; qu'elle ne

---

Chap. XXXIX de cette seconde Partie , pag. 183,
note 1.

Lettre de M. * * * *sur les Joueurs R* * * *.

« Voici , Monsieur , quelques observations géné
» rales : le temps vous presse , & moi aussi. L'Impé
» ratrice n'aime pas le jeu , méprise les joueurs , &
» ne souffre pas le gros-jeu dans son Palais : vous
» savez que, par-tout, il y a des exceptions.
» Les Ordonnances de Sa Majesté Impériale , dé
» clarent nulles les pertes que l'on fait au jeu , ainsi
» que tous les engagemens que l'on y contracte. Les
» Joueurs partent de là , pour faire annuller non-seu
» lement les *Lettres de Change* qui concernent le jeu,
» mais encore celles qu'ils ont faites pour des créances
» légitimes : le plus souvent , ces dernières sont rap
» portées à la Police , & brûlées comme les autres.
» Vous serez peut-être surpris de ce que je ne parle,
» ici, que de *Lettres de Change* : c'est que cette ma
» nière de s'engager , est la plus usitée chez les R * * *.
» Les joueurs de cette Nation , aujourd'hui si fa
» meuse, ne paient pas toujours en *Lettres de Change*;
» plusieurs , paient d'abord en *paroles* : or vous sentez
» que là où les écrits ne valent rien , les *paroles* ne
» valent pas mieux.
» Les jeux de hasard , n'ont point de bornes en
» R * * *. Les jeux de société y sont tels , qu'il est
» commun de perdre jusqu'à trente-mille livres dans
» une séance ; & beaucoup plus, lorsqu'on s'échauffe.
» Comme on a la ressource de ne pas payer lorsqu'on

remédioit à rien. L'inégalité des fortunes, disoient-ils, ne permet pas d'établir une mesure proportionelle, entre des hommes de toutes conditions, qui se mêlent, se confondent, & courent les mêmes risques avec des moyens inégaux : la perte d'une somme peu nuisible à l'un, peut en ruiner un autre, ou, du moins, le mettre hors d'état de remplir ses fonctions ; & ils en concluoient, que le terme fixé, sans égard au plus grand nombre, n'auroit pourvu qu'aux intérêts de quelques Riches, s'il avoit été possible d'y soumettre tout le monde. D'ailleurs, ajoutoient-ils, qui voudra manquer à sa parole, & profiter du Bénéfice de la Loi ? aussi, cette Loi n'a-t-elle été réclamée, que par des Gens notés ou peu délicats.

» a beaucoup perdu, ces jeux *insociables* ne sont pas
» si ruineux qu'ils le paroissent. Je vous ai déja en-
» tretenu de la Dextérité de ce Peuple, chez qui les
» joueurs Italiens pourroient aller prendre des le-
» çons.

» Voilà, Monsieur, relativement au jeu, tout ce
» que je puis vous dire de cette Nation estimable à
» d'autres égards : mais où le Moral, sur-tout parmi
» les Joueurs, est cent fois plus repoussant que le
» Climat. »

C'est ainsi, que forcés à l'infraction par les vices du Réglement, nos joueurs devenus plus effrénés, ne reconnoissent que leurs statuts barbares, & ce point d'honneur dont le premier cri est de payer d'abord, de s'égorger ensuite. Précaution nécessaire ! cette Race indomptée, ne subsisteroit pas long-temps, s'il ne falloit que des combats pour s'acquitter (1).

Bravant les Tribunaux, ils se font justice eux-mêmes, &, comme Législateurs, décident en dernier ressort des cas douteux. Quelqu'un mourut dernièrement en perte, au milieu d'une Partie de jeu ; avant de s'assurer s'il étoit sans ressource, il fut résolu, tout d'une voix, de fouiller le Mort & de se payer.

Quand les cris des Moralistes & ceux des Gens de bien, sont étouffés en naissant ; quand le vice a passé dans les mœurs, il faut les refondre : il le faut, s'il est vrai que l'on veuille inspirer aux Peuples d'autres sentimens, & les faire agir d'une ma-

____

(1) *Prodiga mens animæ, & properare facillimè Mortem.* Sil. Ital.

Q iv

nière conforme au bien public. Mais il est aussi difficile de régénérer les ames avilies, que de rajeunir les Etats vieillissans.

La Réforme, sur-tout dans une Monarchie, dépend moins des Lois positives, presque toujours violées par le crédit & par l'intrigue, que de la sagesse du Prince ; que de l'art avec lequel il sait manier les esprits, & former l'opinion (1). C'est en vain qu'il tenteroit, comme Louis XIV (2), d'arrêter la fureur du jeu dans les Villes & dans les Camps, s'il la souffroit autour du Trône ; s'il jouoit lui-même. Les Grands, dit l'Orateur Romain, nuisent doublement à la République : non-seulement ils ont des vices, mais ils les communiquent ; non-seulement ils sont corrompus, mais ils corrompent ; & l'exemple qu'ils donnent, est pire que le mal qu'ils font. (3).

____

(1) *Rex velit honesta, nemo non eadem volet.*
                              Senec. Tragic.

(2) *Voyez* le Chap. XIII de la première Partie, pag. 77.

(3) *Plusque exemplo quam peccato nocent.* Cic. de Legib. Lib. III, Cap. XIII.

ON a vu que la fureur du jeu, fomen-
tée dans les Cours, en étoit enfin fortie
comme un torrent débordé, qui ravage
tout fur fon paffage. Ceux qui ont fait
le mal, pourroient le diminuer. Parlons,
d'abord, des Princes joueurs.

CHAPITRE LII.

*Des Empereurs Romains les plus adonnés
au Jeu.*

LA Cour d'Augufte, malgré tant de
Lois déja portées contre le jeu, en répandit la fureur dans Rome, comme la
Cour de Louis XIV, à peu près dans les
mêmes circonftances, en infecta Paris &
le Royaume (1). Il y a cette différence
entre le Monarque François & l'Empereur
Romain, c'eft que celui-ci n'apprit pas à
fes Succeffeurs, à jouer folemnellement
contre le Peuple : au lieu que l'autre, après
avoir blâmé le jeu, & s'en être prefque

______

(1) *Voyez* les Chapitres XII & XIII de la première
Partie, pag. 72 & fuiv.

dégoûté (1), finit par des Loteries (2).

AUGUSTE, tel que Louis XIV, étoit moins avide que fastueux : quoiqu'il aimât éperdument le jeu, & qu'il ne cherchât pas même à s'en justifier (3), il paroît qu'il avoit, à cet égard, d'autres besoins que ceux de la cupidité. Je t'envoie, écrivoit-il à sa Fille, une somme dont j'aurois gratifié mes convives, s'ils avoient voulu jouer soit aux Dez, soit à *pair ou non.*

UNE autre fois, il écrivit à Tibère : Si je m'étois fait payer exactement, pendant les Fêtes de Minerve, si je n'avois pas dispersé mon argent de tous côtés, au lieu de perdre vingt - mille sesterces, j'en au-

---

(1) Le gros-jeu fut toujours d'Etiquette à la Cour de ce Prince, mais les séances y devinrent moins fréquentes, & furent abrégées : « Le Roi ne laisse pas » de jouer, dit Madame DE SÉVIGNÉ, cependant le » jeu n'est pas si long. »

(2) *Voyez* le Chap. XLVI de cette seconde Partie, pag. 216.

(3) *Aleæ rumorem nullo modo expavit : lusitque simpliciter & palam oblectamenti causâ etiam senex,* &c. SUET. v. August. Cap. XCIV.

rois gagné cent - cinquante - mille : je ne m'en repens pas ; c'eſt un moyen, diſoit-il, de s'attirer de la gloire (1) ; .... & des Epigrammes.

Battu deux fois, diſoient les Romains, notre Empereur , après avoir perdu ſes Vaiſſeaux , veut gagner à ſon tour ; c'eſt pourquoi l'intrépide Octave, ne ceſſe de ſe livrer au jeu (2). Il falloit qu'il en eût un beſoin bien preſſant, puiſque dans les momens de relâche , & quand les vrais Acteurs lui manquoient , il jouoit avec des Enfans aux Dez, aux Noix, ou bien aux Oſſelets.

Auguste, ne recherchoit peut - être ces futiles amuſemens, que pour faire diverſion à ſes remords. S'il voulut, par-là, donner le change, & faire oublier ſes Proſcriptions, ce ne fut pas le moindre trait de la politique de cet homme arti-

---

(1) *Sed hoc malo : benignitas enim mea me ad cœleſtem gloriam efferet.* Suet. v. Auguſt. Cap. XCIV.

(2) *Poſtquam bis claſſe victus naves perdidit,*
Aliquando ut vincat, ludit aſſidué aleam.
Suet. v. Auguſt. Cap. XCIII.

ficieux, dont les fauſſes vertus ne furent
long-temps célébrées, que par ignorance,
ou pour flatter ſes imitateurs.

La Paſſion du jeu ſe tranſmit, avec
l'Empire, dans la famille des Céſars. Caligula n'épargnoit, en jouant, ni le men-
ſonge ni le parjure. C'étoit au jeu, que
lui venoient les plus ſiniſtres inſpirations.
Quand les choſes n'alloient pas à ſon gré,
il ſe levoit bruſquement au milieu de la
Partie ; & ce Monſtre, altéré de rapines,
rodoit dans ſon Palais. Il apperçut un jour
deux Chevaliers, les fit ſaiſir, confiſqua
leurs biens. A ſon retour, il ſe félicita de
n'avoir jamais éprouvé le Sort d'une manière ſi favorable (1). Une autre fois, après
avoir condamné à mort pluſieurs Gaulois
renommés par leurs richeſſes, il revint,
ſur-le-champ, dire à ſes Compagnons de
jeu : Vous me faites pitié, quand je vous
vois aux priſes pour quelques ſeſterces ;
tandis que, d'un trait de plume, j'en viens
de gagner ſix-cents-millions (2).

____

(1) *Exſultans rediit, glorianſque ſe nunquam proſ-*
periore aleâ uſum. SUET. v. Calig. Cap. LV.

(2) DION.

Claude fe livroit au jeu en imbécille, & Néron en furieux : l'un mandoit, pour jouer contre lui, ceux qu'il avoit fait égorger la veille (1) ; l'autre , prodiguant les tréfors du Fifc , jouoit quatre-cents-mille fefterces d'un coup de Dez (2).

Dès-lors , le titre de Courtifan & de Joueur , devinrent fynonymes. Il fallut jouer , pour parvenir : c'eft par-là , principalement , que Vitellius fit un fi grand chemin (3).

Puisqu'on a daigné reprocher à Caligula , d'avoir joué le jour des funérailles de fa fœur (4), on a bien pu reprocher auffi à Domitien , de s'être livré au jeu dès le matin, & fans égard aux jours de Fêtes (5). Ce ne font là que des fautes légères , en comparaifon de leurs crimes habituels.

---

(1) Suet. *v. Claud.* Cap. XXXIX.

(2) Suet. *v. Neron.* Cap. XXIII.

(3) *Claudio per aleæ ftudium familiaris.* Suet. *v.* Vitell. Cap. V.

(4) Senec. *Confol. ad Polyb.* Cap. XXXVI.

(5) Suet. *v. Domit.* Cap. XXII.

C'EST sur-tout au Règne de Domitien, qu'il faut rapporter ce que Juvénal a dit de la fureur du jeu (1). Cette fureur, ne tarda point à se répandre dans les Provinces conquises, & chez des Peuples barbares, qui ne l'avoient point encore éprouvée telle qu'ils la ressentirent, après avoir eu le malheur de fréquenter les Romains.

---

(1) *Et quando uberior vitiorum copia ? quando*
Major avaritiæ patuit sinus ? alea quando
Hos animos ? Neque enim loculis comitantibus
  itur
Ad casum tabulæ, positâ sed luditur arcâ.
Prælia quanta illic dispensatore videbis
Armigero ! Simplexne furor sestercia centum
Perdere, & horrenti tunicam non reddere servo ?

JUV. Sat. I, v. 87.

Voyez la Traduction de ces beaux vers, Chap. I de la première Partie, pag. 10.

CHAPITRE LIII.

Atrocités & imprudences de quelques Princes Joueurs.

L'histoire de tous les Peuples, n'est guère que l'Histoire de la Cupidité : quand la fureur du jeu s'en mêle, on voit qu'elle n'a jamais manqué de redoubler l'insolence & l'atrocité de la Tyrannie.

Hégésiloque & quelques autres Tyrans de Rhodes, jouoient entr'eux, *au plus haut Point*, l'honneur des principales femmes de cette île : la convention étoit, que le *Perdant* mettroit entre les bras de son Adversaire, celle que le Sort désigneroit à cet opprobre (1).

Les Courtisans de l'Empereur Alexis III, qui pour la plupart étoient joueurs de profession, firent violence à un riche Banquier dans sa propre maison, pour en extorquer les trésors qu'il avoit amassés ;

---

(1) Athen. Lib. X, Cap. XII.

& l'Hiſtoire ne dit rien du châtiment (1).

SANS avoir été des Tyrans, pluſieurs Princes foibles, ignorans & ennuyés, ont tant aimé le jeu, qu'ils ont abſolument négligé leurs propres affaires & le ſoin de leur Empire : les règnes de ces Princes abrutis, ne préſentent que le hideux tableau de l'anarchie.

L'UN des Ptolémée, Roi d'Egypte, ſe faiſoit rapporter lorſqu'il jouoit, les cauſes les plus graves; & prononçoit, au haſard, des ſentences de mort (2).

ON annonce l'arrivée des Ambaſſadeurs Romains, à Tolomnius Roi de Veïes, pendant qu'il jouoit aux Dez : *Tue*, s'écria-t-il; c'étoit le mot du jeu auquel il ſe livroit. Ce mot, mal interprété, fit maſ-

____

(1) Hiſt. du Bas-Empire, par M. LE BEAU, T. XX, pag. 322.

(2) *ÆLIAN. Var. Hiſt. Lib. XLIV, Cap. XLIII.* Ce fut à cette occaſion que ſa femme Bérénice lui dit : *On ne ſauroit trop délibérer quand il s'agit de la mort d'un homme.* JUVÉNAL a conſacré ces belles paroles :

Nulla unquam de morte hominis cunctatio longa eſt.
Sat. VI, v. 220.

ſacrer

facrer les Ambaffadeurs. Tite-Live qui raconte ce fait (1), préfume que ce ne fut qu'une excufe alléguée après coup : les joueurs font fujets à tant d'abfences, que celle-ci n'a rien d'étonnant.

SEIGNEUR, il n'eft plus temps de jouer, dit un Exprès au Caliphe Alamin : Babylone eft affiégée. Tais-toi, dit le Caliphe : ne vois-tu pas, que je fuis fur le point de faire Cuter *Echec & Mat* (2)? Sarafin, raconte la même chofe d'un Duc de Normandie (3).

ENTRE Souverains ou Fils de Rois, le jeu, fi fertile en outrages, doit provoquer la guerre : plus d'une Guerre, je l'affirmerois fans preuve, durent s'allumer, fur-tout, à la fournaife des jeux de hafard; ce n'eft pas que les autres jeux n'aient, auffi, caufé de grands débats.

PLUSIEURS Hiftoriens, parlent du terrible démêlé, qui s'éleva entre le Fils d'un

____

(1) Lib. IV, Cap. XVII.
(2) Hift. Saracen. Lib. II, Cap. VII.
(3) Œuvres de SARASIN, Edit. de Holl. pag. 251.

Partie II.   R

Roi d'Angleterre & celui de l'un de nos Monarques : fatale concurrence ! & qui fit, à diverses reprises, verser des flots de sang (1).

UNE querelle de jeu, fut la cause du soufflet donné par le Duc René, à Louis XII, qui n'étoit encore que Duc d'Orléans. Ce soufflet, suscita une Ligue que l'on appeloit *la folle guerre*. On sait que la colère du Prince outragé, ne s'appaisa que lorsqu'il fut monté sur le Trône : un Roi

---

(1) « Robert & Henri, fils de Guillaume le Conquérant, étant un jour en Normandie, se délibérèrent aller saluer le Roi de France, Philippe I, qui étoit à Conflans, où ils séjournèrent quelques jours. Et comme ledit Henri jouoit aux Echecs après dîner avec Loys fils de Philippe, icelui Loys, voyant qu'il perdoit, en colère appela ledit Henri fils de Bâtard, & lui jeta l'Echiquier au visage. Henri leva l'Echiquier & en frappa ledit Loys de si grande force, qu'il le fit saigner, & l'eut occis si son frère qui survint ne l'en eût empêché. Et ce fait, Robert & Henri se sauvèrent, d'où il advint une grande & longue guerre, &c. » *Hist. & Chron. de Normandie, &c.* Rouen, 1589, pag. 118.

Voyez encore l'*Inventaire de l'Hist. de Normandie*, où ce trait est raconté avec les mêmes circonstances. M. Gaillard, dans une savante & belle Dissertation qu'il vient de lire à l'Académie des Belles-Lettres, révoque ce fait en doute.

de France, difoit-il, ne venge point les infultes faites à un Duc d'Orléans (1).

JE pourrois prolonger, cette Lifte de malheurs & d'imprudences : j'aime mieux citer les exemples de quelques Princes, qui ont fu, quoique joueurs, triompher des plus juftes reffentimens.

---

(1) L'Auteur Anonyme, cité par Amelot de la Houffaie, prétend que cette querelle vint à l'occafion du jugement que Madame de Beaujeu porta, dans un Tripot des Halles, fur un coup d'*Eteuf* : le Duc d'Orléans donna un démenti à cette Dame, lequel fut fuivi de l'outrage en queftion. *Mémoires, &c. d'AMELOT DE LA HOUSSAIE,* Tom. II, pag. 190.

CHAPITRE LIV.

*Exemples de modération donnés au Jeu,
par quelques Princes anciens &
modernes.*

DES Princes, il en faut convenir, se
sont signalés au jeu, par des traits d'une
sagesse peu commune, même parmi les
joueurs subalternes.

LE plus magnifique des Monarques, &
le plus flatté, persuadé qu'il avoit gagné
un coup sur lequel, néanmoins, chacun
refusoit de s'expliquer, fit appeler un
Seigneur de sa Cour : Sire, répondit celui-
ci sans autre examen, vraisemblablement
vous avez tort, car ces Messieurs, en
montrant les Assistans, ne demandent pas
mieux que de vous donner raison. L'é-
preuve étoit hasardeuse ; mais le Prince se
soumit : exemple rare des deux côtés !

ON cite comme des phénomènes, ceux
qui ont impunément fait, au jeu, rougir
des Rois, par leurs leçons indiscrettes. Un

Comte de Hollande, ayant gagné cent *Florins* à un Roi de Hongrie, eut l'audace de lui dire : Vous témoignez trop de regret pour une bagatelle : voici le cas que je fais *de vos florins ;* & il les jeta au peuple. Le Prince, se contenta de détourner la tête (1).

LE Chevalier de Rohan, dut, en pareil cas, s'applaudir de la retenue inspirée à Louis XIV, par le Cardinal Mazarin. On jouoit, dit le Marquis de la Fare, fort gros-jeu chez le Cardinal : le Chevalier de Rohan y perdit contre le Roi, une somme considérable. On étoit convenu de ne payer qu'en *Louis d'or :* le Chevalier, après en avoir compté sept à huit-cents, voulut continuer le paiement en pistoles d'Espagne. Vous m'aviez promis des *Louis* & non des Pistoles, dit le Roi. Puisque votre Majesté les refuse, répliqua l'autre, je n'en veux pas non plus : il les jeta par la fenêtre. Le Roi, outré, s'en plaignit au Cardinal, qui lui répondit : *Le Cheva-*

____

(1) MICHEL PICART, Obs. Hist. Polit. Decad. VI, Cap. IV, pag. 284.

lier de Rohan a joué en Roi, & vous en Chevalier de Rohan (1).

UN jeune homme, ayant perdu tout son argent dans le plus beau Palais de l'Europe, dit à son voisin : *De ma vie, je ne remettrai les pieds dans ce Tripot.* Le Prince, instruit de ce propos, qui n'étoit il est vrai que ridicule, répondit en souriant : *Le Père de ce jeune homme, doit être bien logé !*

UN mot grossier & de dépit, échappé en présence d'une jeune Princesse, fut relevé par son Epoux, avec l'urbanité naturelle à nos Princes : — *Sans vous, Monsieur, Madame auroit toujours ignoré, que ce* MOT *appartînt à notre Langue.*

NE peut-il pas arriver que le Sujet au désespoir, s'oubliant avec son Maître, ne se porte à de plus grands excès ? Casimir, Roi de Pologne, fut vivement outragé par un Officier, qui venoit de perdre presque tout son bien contre lui. L'Officier prend la fuite, on le ramène. Le Roi l'attendoit,

***

(1) Mémoires & Réflexions, &c. par M. L. M. L. F.

en silence, au milieu de ses Courtisans :
Mes amis, leur dit-il, en le voyant reparoître, cet homme est moins coupable
que moi : j'ai compromis mon rang, je
suis la cause de sa violence, & le premier
mouvement ne dépend pas de nous. Puis,
s'adressant au Criminel : Tu te repens,
il suffit ; reprends tes biens, & ne jouons
plus (1).

CE grand effort, dont l'Histoire n'offre

---

(1) *Ichnographia Municipalis*, &c. *Auctore Baltha-
sare Conrardo Zahnio Marco Westphalo*. Cet Auteur
Westphalien, ne dit point quel fut l'outrage fait à
Casimir. Je m'en suis informé au Prince Massalski,
Evêque de Vilna, de l'Académie des Belles-Lettres :
voici la Réponse, dont cet illustre Prélat a bien voulu
m'honorer.

« L'Evêque de Vilna certifie à M. D *** que presque
» tous les Auteurs Polonois, nommément Kromer,
» assurent, comme un fait avéré, que le Roi de Po-
» logne Casimir II, reçut *un soufflet* de la part d'un
» Gentilhomme Polonois nommé Konarski ; que ce
» Gentilhomme étant sur le point d'être massacré par
» les Officiers du Prince, Casimir s'écria : ce n'est pas
» lui qui a tort, c'est moi ; j'ai joué avec trop d'achar-
» nement, &c.

» Ces Auteurs rapportent que Konarski, ayant
» perdu ce qu'il avoit en Monnoie du Pays, mit
» d'autres Espèces en avant ; & que le Roi, les ayant
» refusées, reçut à l'instant l'outrage en question. »

R iv

qu'un trait, avertit ceux à qui nous fournissons de quoi soutenir lés droits & l'éclat de leurs Couronnes, ceux pour qui nous sacrifions nos vies dans les Combats, & que nous rendons, en quelque sorte, maîtres de nos fortunes : ce trait, les avertit de ne pas nous les disputer à l'aide du hasard ; & cela, pour tromper leurs loisirs. Le plus souvent, c'est l'ennui qui les rend joueurs.

CHAPITRE LV.

Que la passion du Jeu, devroit être étrangère
à la Puissance Souveraine.

Si quelques Princes, trop accoutumés aux vicissitudes du jeu, en ignoroient les conséquences, je les renvoie à la Cour de Philippe de Macédoine, à celle de Denys le Tyran (1), & des Empereurs dont je viens de parler. C'est-là, qu'ils verront l'Autorité Souveraine prostituée à des joueurs, qui vendoient ses plus beaux attributs.

Henri IV, pour avoir trop vécu avec ces gens suspects, ne put se garántir des traits de la calomnie : on accusa ce bon Prince, d'avoir eu, avec l'Italien Pimentel,

---

(1) *Athen. Lib. IV, Cap. XVII.* Cependant cet Auteur rapporte, dans un autre endroit, que Philippe respectoit assez Antipater, pour interrompre son jeu lorsque celui-ci paroissoit ; & qu'un jour, il jeta précipitament le Damier sur un Lit. *Lib. X, Cap. X.*

une connivence, dont Néron lui-même auroit rougi (1).

LES Princes joueurs, sont encore plus inconséquens que leurs Sujets ; ceux-ci, du moins, desirent ce qu'ils n'ont pas : mais eux, qu'ont-ils à desirer ? Quel peut être, en jouant, le motif de leur cupidité ? D'ailleurs, contre qui joueroient-ils ?

HEUREUSEMENT, que les Rois commercent rarement ensemble : s'ils jouoient contre leurs pareils, le sang des Nations acquitteroit souvent leurs dettes.

JOUERONT-ILS, contre leurs propres Sujets ? on prendroit leurs fantaisies pour des ordres, & leur moindre coup d'œil pour une décision. L'Empereur Commode, se battit sept-cents-vingt-cinq fois dans l'Amphithéâtre, & ne fut jamais vaincu (2).

---

(1) « Quelques-uns ont prétendu que Henri IV fut
» informé des manœuvres de Pimentel, & qu'il les
» favorisa dans l'intention d'appauvrir ses Courtisans,
» &, par-là, de se les rendre plus soumis. » *Mém. de
SULLY, note , Tome VII, pag. 90.* Voyez dans cette
seconde Partie le Chap. XXXVIII, pag. 174.

(2) *ÆLII LAMPRIDII Commodus.*

JE veux qu'ils ne forcent personne, comme Henri IV força Baffompierre, en riant il eft vrai, à lui donner fa revanche (1). Je veux qu'ils ne difent point à ceux qui les refufent, faute d'argent comptant : Vendez vos Terres. Quand ils fe mettroient au niveau de leurs Adverfaires, quand ils obferveroient fidellement les règles du jeu fondées fur l'égalité, leur commerce en feroit-il beaucoup moins inégal ?

QUICONQUE fait que le foible des Rois, eft d'imputer le malheur aux hommes, & la profpérité à leur bonne fortune, n'aura pas la force de contredire leurs vœux fecrets : il fe laiffera perdre, plutôt que de bleffer l'orgueil d'un Maître, que fa juftice & fon défintéreffement, n'empêchent pas d'être jaloux des préférences du fort.

LE Courtifan, jugeant du Prince par lui-même, fe figure que celui qui peut tout, veut toujours l'emporter : craignant moins, quelquefois, les revers que les

---

(1) *Voyez* le Chap. X de la première Partie, p. 64.

fuccès, il en eſt réduit à ſe féliciter en s'abymant. Odieuſe contrainte ! & qui devroit bannir le jeu, de toutes les Maiſons Royales.

QUE le Monarque, participe aux amuſemens de ſes Sujets : malgré ſon auguſte caractère, comme eux il n'eſt qu'un homme. Ayant à ſupporter le plus grand des fardeaux, il a beſoin d'en être ſoulagé : mais qu'il ſe garde bien, de ruiner ceux qui ne peuvent l'aimer & le ſervir, qu'en vertu de ſa juſtice, de ſon humanité ; ſinon, la prudence & l'honneur s'exileroient de ſa Cour.

QUEL QUE ſoit le déſordre actuel, ou en ſerions-nous ſi tous les Princes avoient aimé le jeu, avoient favoriſé les joueurs ? Nous allons voir, que pluſieurs les ont blâmés autrefois, que pluſieurs les blâment encore aujourd'hui.

CHAPITRE LVI.

Des Princes, qui se font le plus hautement déclarés contre les Jeux de hasard, & contre les Joueurs.

LES Anciens ne souffrirent, long-temps, que des jeux capables de fortifier & d'aguerrir la jeunesse (1). L'Empereur Justinien, ennemi déclaré des jeux de hasard, permettoit, seulement, de risquer des sommes très-modiques aux jeux d'adresse : encore fixoit-il la perte de chaque Partie, & la proportionnoit-il aux facultés les plus bornées (2).

PLUSIEURS Rois de France, d'Espagne, d'Angleterre, &c. à l'exemple de Char-

---

(1) *Suppeditant autem & campus noster, & studia venandi, honesta exempla ludendi.* CIC. de Offic. Lib. I, Cap. XXXIX.

(2) *Et liceat quidem ditioribus ad singulas commissiones, seu ad singulos congressus, aut vices, unum assem deponere & ludere : ceteris autem longe minori pecuniâ.* Cod. Lib. III, Tit. XLIII. De Aleatoribus.

les V (1), ont essayé de substituer aux jeux casaniers, sédentaires & nocturnes (2), des exercices publics, ou l'émulation ne procuroit que du plaisir & de la santé.

« HENRI II, dit Brantôme, encoura-
» geoit ceux qui se livroient aux jeux
» d'exercice. Ceux qui faisoient bien, les
» louoit : de sorte que la jeunesse, en un
» rien, se façonnoit à cette Cour ; & puis,
» étant connue de son Roi, s'en alloit à
» la guerre, où elle se faisoit valoir par
» de beaux exploits, que le Roi se plai-
» soit à publier devant tout le monde ;
» car ce Prince, étoit reconnoissant des
» services qu'on lui rendoit (3). »

EN fait de mœurs, il faut souvent recommencer, & ne se rebuter jamais.

ALEXANDRE, qui méprisoit le jeu, n'épargnoit pas non plus, à cet égard, ses amis les plus intimes : il en condamna plusieurs à une amende, parce qu'ils ne

____

(1) *Voyez* le Chap. IV de la première Partie, pag. 24.

(2) *O Aleatorum sedentaria & pigra nequitia.* S. CYPR.

(3) BRANT, Henri II, Disc. XLI, Tom. VII, p. 54.

jouoient pas pour jouer, difoit-il, mais pour fe dépouiller (1).

L'UN de nos plus excellens Rois, S. Louis, frémiffoit quand il entendoit feulement parler des jeux de hafard. Ce grand homme, fi doux, fi patient, n'étoit plus maître de lui, dès qu'il favoit que fes premiers Sujets, au mépris des Ordonnances, avoient l'audace de fe livrer à des jeux défendus. A fon retour de la Paleftine, & languiffant, fur fon vaiffeau, des fuites d'une longue maladie, il apprend que le Comte d'Anjou fon Frère, eft, dans la chambre voifine, aux prifes avec un autre Seigneur. Quoique foible, il y court : il faifit les Dez & le Damier, les jette dans la Mer, &, dit Joinville, *fe courrouce moult fort contre fon Frère.* Gautier de Nemours, qui jouoit contre le Comte, ne perdit point la tête : *car il jeta tous les deniers qui étoient fus le Tablier, dont il y avoit grant foifon, il les jeta en fon geron & les emporta* (2).

____

(1) *PLUTARCH. Apophteg. Reg.*

(2) Hift. de S. Louis, Edit. du Louvre, pag. 85.

LOUIS XIII déclaroit *infâmes, intestables & incapables de tenir jamais offices Royaux*, quiconque, malgré ses ordres réitérés, se livroit aux jeux de hasard (1).

J'AI déja parlé des moyens récemment employés, à Berlin, à Venise, à Florence & dans plusieurs autres pays, pour contenir les joueurs (2).

NOUS venons de voir, la fureur du jeu presque déconcertée chez nous, du moins parmi les premiers de l'Etat. Le vœu d'un jeune Prince, nouvellement monté sur le Trône, sa volonté vivement énoncée, & sur-tout son Exemple, firent trembler les joueurs titrés : ils se sont rassurés ; mais tout annonce que ce Monarque, dont les intentions sont assez connues, mûrit en silence les moyens de réforme.

(2) Art. 13 de l'Ordonnance de Louis XIII, du 15 janvier 1629.

(3) *Voyez* le Chap. XVII de la première Partie, pag. 103.

CHAPITRE

CHAPITRE LVII.

Principaux moyens de réforme.

QUAND des Courtisans, obérés par la débauche & par le jeu, ont l'impudence de solliciter des graces ; quand ils croient que l'Etat, n'est fait que pour subvenir à leurs prodigalités scandaleuses : l'Etat, quelle que soit la splendeur de leurs races, doit les laisser sous le joug, afin que le vice soit, du moins, puni par les effets du vice.

QUE les honneurs de la Cour & de la Ville, que les Emplois soient refusés aux Joueurs incorrigibles, & je réponds qu'on les rendra plus circonspects. *Si je joue, si je laisse jouer mon Fils, mon Fils & Moi ne ferons rien !* le Roi l'a dit : cette considération, dans un Pays tel que le nôtre, seroit plus puissante que des Lois, des Livres & des Sermons.

CHEFS des Nations ! que le Peuple ne soit pas moins cher que les Grands & les

Riches, à vos regards paternels : quand vous aurez dompté ceux-ci, vous réduirez facilement les autres.

Gardez-vous, comme au Japon, de souiller le Glaive des Lois par des meurtres inutiles (1). N'allez pas imiter ce Général féroce, qui, tandis que les Officiers jouoient impunément dans son armée, fit mourir un malheureux Soldat, pour avoir joué & perdu quatre-vingt-mille *Ducats*, qui avoient été le fruit de son courage : « on lui fit son Procès, dit Le Vassor, » comme à un prodigue ; & il fut con- » damné à être pendu, pour avoir abusé » de sa bonne fortune (2). » Cet absurde châtiment, témoigne plus de respect pour les richesses, que pour l'humanité.

Punissez le Citoyen qui en ruine un autre, comme on punit à la Chine quiconque diffère de payer les impôts : on le force de nourrir des Vieillards, des

____

(1) *Voyez* l'Esprit des Lois, Liv. VI, Chap. XIII.

(2) En 1330, après la prise de Mantoue. Hist. de Louis XIII, par Michel Le Vassor, *Tom. VI,* *pag. 386.*

Infirmes, des Pauvres, jufqu'à ce qu'il foit quitte avec l'Etat (1).

LE Peuple ne joue guère, que parce qu'on le fait jouer : après avoir déconcerté les jeux de l'opulence, détruifez les Loteries ; le Peuple, ne jouera plus.

SI quelque grand Prince fupprimoit les jeux d'Etat, il en feroit tomber plufieurs autour de fon Royaume : il auroit l'honneur d'influer autant fur les Peuples voifins, que fur fon propre Peuple.

UN bon Roi, méprife & rejette les reffources contraires au bien public, quels qu'en foient les produits momentanés. Il fait diftinguer les impôts néceffaires, par conféquent légitimes, de ces manœuvres enfantées par la détreffe, par l'incapacité. Tel que S. Louis, il fupprime les inftrumens de certains jeux, loin de fonger à les taxer (2).

____

(1) Hift. Phil. & Polit. du Com. dans les deux Indes, *Tom. I, pag.* 141. La Haye, 1774.

(2) Une Ordonnance de 1254, défend expreffément de fabriquer des Dez : *Fabrica Deciorum prohibeatur.* Conférence des Ordonnances, *Tom. I, L. III, Tit.* 10, §. 1.

Qu'on ne se laisse donc pas éblouir, par ces injustes profits : plus cette branche de Finance est féconde, plus elle est nuisible. S'il est vrai, comme le dit M. de Voltaire, que le centième de l'argent des Cartes, suffiroit pour construire des Salles de Spectacles, plus belles que le Théâtre de Pompée (1), on sent ce qu'il en faut conclure.

Si des Gens affamés de ruines, avoient extorqué la permission tacite de donner à jouer, le Prince doit se hâter encore plus d'abolir ces honteux privilèges, que d'éteindre un incendie : le soin de la discipline militaire, disoit Justinien, ne m'empêche pas de veiller sur tout ce qui concerne le jeu (2).

Ne pouvant suffire à tout, qu'il enjoigne à ceux qui ont l'inspection des Villes, de faire exécuter ses ordres, sans égard au crédit, sans acception de rang. Qu'il n'ou-

---

(1) Œuvres de Volt. *Lettre à un premier Commis.* Mélange d'Hist. & de Littérature, *Tom. II, pag.* 331.

(2) *Non enim bella solum modò benè ordinamus, sed & res ludicras.* Cod. Lib. III, Tit. 43, Lege 15.

blie pas, de faire furveiller les Agens de la Police, de crainte qu'ils ne deviennent les Fauteurs & les Complices de la licence.

A ROME, on confifquoit les maifons de jeu (1) : il fuffiroit, à Londres, à Paris, & dans les autres Villes, d'enlever les appâts, de brifer les pièges tendus au Citoyen & à l'Etranger. Les Délinquans, en cas de récidive, feroient livrés à la rigueur des Lois.

SI le Monarque, étoit inflexible à tous ces égards : après avoir manifefté fon vœu, s'il ranimoit encore la probité, s'il encourageoit l'honnête induftrie, fa puiffance & fes tréfors, s'augmenteroient avec les mœurs. La Morale, qui n'eft que la vertu réduite en préceptes, ne fe borneroit plus à de fteriles contemplations : la Morale, dont il feroit le Miniftre Couronné, trouveroit, peut-être, plus de Sectateurs que la fureur du Jeu.

DE femblables révolutions, doivent

---

(1) *Domibus eorum publicatis, ubi hæc reperiuntur.* Cod. de Aleatoribus.

être préparées : les peuples ne changent point, subitement, de manière de penser & d'agir. « Ne vous découragez point, » disoit, en pareil cas, Rosny à Henri IV : » je sais, mon Prince, que la vie d'un » homme, quel qu'il soit, ne suffit pas » pour corriger tous les abus. Considérez » donc ce que vous pouvez : faites-le ; » & mettez vos Successeurs, à portée d'en » faire davantage (1). »

VESPASIEN & Titus, réformèrent, pour quelque temps, leurs Contemporains ; l'un par sa conduite austère & ses Mœurs à l'antique (2) ; l'autre par une bonté, dont la tradition nous arrache encore des larmes de tendresse : l'amour & l'estime, forcèrent tous les ordres de l'Etat à les imiter.

LE siècle d'or des Antonins, ne renaîtra sur la terre, que lorsque les Hommes seront gouvernés par des mœurs fondées

---

(1) Cours d'Etudes pour l'instruction du Prince de Parme, &c. *Tom. XIII, pag.* 440.

(2) *Præcipuus adstricti moris auctor Vespasianus fuit, antiquo ipse cultu victuque, obsequium inde in principem, & æmulandi amor.* TACIT. Ann. Lib. III.

ſur de bonnes Lois, & lorſque les Souverains, comme le Roi de Suède, ſeront
bien perſuadés que l'Education eſt le chef-
d'œuvre de la Raiſon, le ſalut des Empires (1).

(1) Ce grand Prince, qui jouit d'avance des ſuffrages
de la poſtérité, le Roi de Suède, a fait demander par
M. le Comte de Scheffer à M. * * * un *Mémoire ſur
l'inſtruction publique :* ce beau *Mémoire* imprimé à
Stockholm, ſe trouve à Paris chez Didot l'aîné. 1775.

CHAPITRE LVIII.

De l'Education, relativement à la passion du Jeu.

ENTREZ dans la plupart des Maisons, vous y verrez les enfans roder autour des Tables, y dévorer des yeux l'or & l'argent, que le Père & la Mère, dont ils partagent les passions, disputent aux étrangers.

CARESSER les enfans dans le gain, les repousser dans la perte ; se servir de leurs mains, pour mêler les Cartes, pour remuer les Dez, ou choisir des Billets de Loterie : n'est-ce pas souffler dans ces jeunes ames, les premières étincelles de la fureur du jeu ? n'est-ce pas fonder leur témérité future, sur des idées fausses & pusillanimes ? Ensuite, on les met au Collège ou bien à l'Académie : le premier attrait, est toujours le plus puissant.

J'IGNORE quelle est, aujourd'hui, la police des Maisons d'Institution : de mon temps,

les plus adroits y ruinoient leurs Cama-
rades, à différens jeux. Il s'agissoit de peu
de chose : mais tout est relatif; & j'ai remarqué qu'il en étoit sorti, plus de Joueurs
que de Citoyens.

QUE les Instituteurs, faits pour préve-
nir, retarder ou corriger les inclinations
nuisibles, apprennent, à leurs Elèves, à se
servir du peu d'argent qu'on leur accorde :
jamais à le risquer, sur-tout aux jeux de
hasard : le parti le plus sûr, dit Locke,
est de leur interdire les Cartes & les
Dez (1).

CE n'est pas la Théorie de la Morale,
qui nous manque; c'est l'art de l'inculquer,
par des signes sensibles & frappans.

UN vrai Philosophe, consulté par le
Roi de Suède, vient de conseiller à ce
vertueux Monarque, de faire construire
des Monumens, qui rappellent sans cesse
à ses Sujets, combien la vertu est auguste
& le vice abject : ce Philosophe, veut
que les grands chemins, que les Places

____

(1) De l'Education.

publiques, les Villages, les entrées des Villes, les portiques des Temples, préſentent, de toutes parts, ces utiles Monumens (1).

« JE voudrois, dit M. de Voltaire, que » l'on criât les atrocités juridiques, com- » me on crie les heures dans quelques » pays (2). » Et moi, pour inſpirer à la jeuneſſe, l'averſion de tout ce qui eſt bas ou criminel, je voudrois qu'au lieu de citer, à tout propos, des maximes dénuées de perſuaſion, on eût recours à des faits authentiques, à des exemples puiſés, ſelon les occurrences, dans les diverſes conditions des hommes de nos jours.

QUAND il s'agiroit, de la part des Parens ou des Maîtres, de déſigner la pareſſe, la débauche & le jeu, qui ſe tiennent, qui naiſſent l'un de l'autre, je voudrois que ce fût, à l'exemple du Grand Duc de Toſcane, par les noms déja flétris

____

(1) *Mémoire ſur l'inſtruction publique, &c. pag.* 112. Voyez le Chap. précédent, note 1, pag. 279.

(2) Queſt. ſur l'Encyclop. *Tom. II, pag.* 229.

de ceux qui en ont été les victimes (1).

Si les noms des infâmes, servoient à nommer l'infamie, les Pères & les Instituteurs, formeroient bientôt un nouvel Aréopage, non moins redoutable que l'ancien : ils feroient craindre à leurs Contemporains, & le blâme actuel, & celui de la postérité.

« Parle-t-on d'un Menteur, d'un Prodigue ou d'un Avare ? me disoit un Père qui savoit comment l'esprit se fausse & le cœur se gâte, avant de les définir à mes enfans, je les leur montre en action. J'imprime de bonne heure, dans ces tendres cerveaux, la physionomie & la difformité de chaque vice, afin qu'ils s'en ressouviennent un jour : afin qu'ils les reconnoissent de loin ; & que, s'ils se laissent séduire, ils n'échappent pas, du moins, aux

______

(1) « Pour que la flétrissure des personnes qui par » leurs excès ou crimes, se sont rendues dangereuses » à la société, serve d'exemple aux autres, son *Altesse* » *Royale* ordonne que leurs noms, leurs crimes, & » les jugemens qui les condamnent, soient affichés à » la Colonne du Palais. » *Gazette de France, No. 52. Florence, le 30 mai 1778.*

remords falutaires. Je ne fais pas grand bruit, ajoutoit-il : autant que je le puis, je les inftruis par figne. Tenez : foit qu'ils fortent, foit qu'ils rentrent, voilà par où ils paffent. »

J'APPERÇUS des *Haillons*, triftes dé-pouilles d'un Joueur qualifié : les plus viles reffources l'avoient dégradé, la mifère la plus honteufe l'avoit lentement confumé. Au bas de ce *Tableau parlant*, on lifoit ces mots : DERNIER HABIT D'UN TEL. Le refte, faifoit mention de fa naiffance, des grands biens qu'il avoit perdus, & de l'impuiffance de fes regrets.

UN Citoyen, recommandable par fes lumières, & par fon zèle pour tout ce qui a rapport au bien public (1), obfervoit, derniérement, que l'Education ne finit pas avec les Maîtres : qu'il en eft une feconde, non moins effentielle que la première ; laquelle exige, de la part des parens, beaucoup d'attention & de fagacité. Peu de Gens, difoit-il, voudroient imiter le

____

(1) M. l'Abbé BAUDEAU.

procédé d'un riche Habitant de la Ville de Riom, qui voyant fon Fils prêt à s'oublier au jeu, le laiſſa faire.

CE jeune homme, perdit une ſomme aſſez conſidérable : « Je la paierai, lui dit ſon Père, parce que l'honneur m'eſt plus cher que l'argent. Cependant, expliquons-nous : vous aimez le jeu, mon Fils, & moi les Pauvres. J'ai moins donné, depuis que je ſonge à vous pourvoir ; je n'y ſonge plus : un Joueur ne doit point ſe marier. Jouez, tant qu'il vous plaira ; mais, à cette condition : je déclare qu'à chaque perte nouvelle, les Infortunés recevront de ma part autant d'argent, que j'en aurai compté pour acquitter de ſemblables Dettes. Commençons, dès aujourd'hui. » La ſomme fut, ſur le champ, portée à l'Hôpital, & le jeune homme n'a pas récidivé.

CHAPITRE LIX.

De la Sûreté de la Jeuneſſe.

Le temps de la vie le plus critique, c'eſt, ſur-tout à préſent, lorſque la jeuneſſe errante & ſans guides, s'élance dans le tourbillon d'un monde corrompu, dont elle ne ſait pas ſe défier : c'eſt, lorſqu'elle tombe entre les mains de pluſieurs ſortes de Brigands, d'autant plus dangereux que les Lois les épargnent ; que le Public les craint ; & que la plupart des Gouvernemens, ont l'imprudence de les employer. Mais il ne s'agit, ici, que des Brigands ſubalternes, dont j'ai déja parlé (1).

On lit, dans Hérodote, qu'Amaſis fit une Loi, par laquelle il étoit ordonné aux Citoyens, de déclarer, tous les ans, d'où chacun tiroit ſa ſubſiſtance : quiconque n'étoit pas en état de prouver, qu'il n'employoit, pour vivre, que des moyens hon-

(1) *Voyez* le Chap. XLI de la ſeconde Partie, pag. 188 & ſuiv.

nêtes & légitimes, étoit puni de mort (1).

NE tuons perſonne : prévenons les crimes (2) occaſionés, tant par les Loteries,
que par les Tripots, ou par un tas d'Aventuriers, dont le nombre augmente tous les
jours ; & cela, par des cauſes qu'il eſt inutile de répéter.

OBSERVEZ, cependant, que nos Chevaliers d'induſtrie, ne ſont plus, comme
autrefois, ſur le *Qui-Vive* : ils payent,
& on les ſouffre. Quand on eſt forcé de
ſévir, l'animadverſion ne tombe plus que
ſur des miſérables ſans aveu : on les punit, de temps en temps, pour la forme ;
mais en les exilant, en les banniſſant de la
Capitale, on ne fait que verſer la corruption dans les autres Villes. Chaſſés par une

---

(1) « Solon, ajoute le même Auteur, emprunta cette
Loi des Egyptiens qui l'ont conſervée, parce que,
dit-il, elle eſt ſage, prudente, & que, raiſonnable-
ment, on ne ſauroit la contredire. » *HÉRODOT. L. III,*
§. *177.*

A la longue, on ſait ſe paſſer de Lois, & tirer parti
de tout.

(2) Chez les Perſes, dit XÉNOPHON, les Lois pré-
venoient les Crimes. *Cyropédie, Lib. I.*

Porte, ils rentrent par une autre, après avoir *fait leur tour de France.*

A Sparte, chacun étoit fous la garde de tous. On voit, chez nous, une multitude de jeunes gens fans expérience, & livrés à eux-mêmes, impunément inveſtis par des Inſtigateurs de toutes les fortes de débauches : on le voit, ni le Gouvernement, ni les Spectateurs, ne daignent s'en mêler. Les mieux intentionnés, fe contentent de dire : Ce jeune homme va fe perdre ; on l'entraîne à fa ruine. — Il va fe perdre ! & vous ne l'arrêtez pas ? Les Chinois, felon le Père Du Halde, ont un Tribunal où chacun a le droit de citer, quiconque bleſſe les Mœurs publiques & fe manque à foi-même (1).

On demandoit à Solon, quel étoit le

---

(1) « Un jeune homme fut traduit à ce Tribunal, parce qu'il avoit perdu une partie de la fomme, que fon père lui avoit comptée pour s'établir : le Mandarin, préférant la douceur à la févérité, le retint juſqu'à ce qu'il eut appris, mot à mot, un Livre de Préceptes compofé par l'Empereur. » *Du Halde.*

Qu'il eſt fimple, diront les Joueurs ! ne voudroit-il point qu'on nous mît en pénitence, comme fon jeune Chinois ?

moyen

moyen de réprimer les Perturbateurs de
la société : Il faudroit, répondit-il, que
ceux qui les voient, en fussent aussi indi-
gnés que ceux qui en souffrent (1).

Quand on s'indigneroit : est-ce qu'il
suffit, maintenant, de vouloir le bien,
pour avoir le droit d'empêcher le mal? La
Vertu ne s'exerce, chez les Nations modernes, qu'autant qu'elle a de quoi payer
le privilège d'agir : sans quoi, le Zèle est
ridicule, & la Remontrance indiscrette.

Puisqu'il faut un titre spécial, pour
être en droit de s'opposer aux désordres,
établissons des Inspecteurs de la Jeunesse,
choisis parmi les Citoyens les plus intè-
gres. Cette fonction, seroit moins pénible
qu'elle ne le paroît (2). D'ailleurs, il en

____

(1) Stobée.

(2) Il y a, dans Paris, des hommes de toutes les
Provinces : plusieurs n'y sont que pour y cultiver les
Sciences & les Arts. Dans cette classe de Citoyens
plus éclairés que les autres, il s'en trouveroit peut-
être d'assez généreux pour faire, de temps en temps,
la revue de leurs Compatriotes : pour se charger, gratuitement, de quelques détails, qui ne leur prendroient
guère qu'un jour par semaine. Cette inspection, si elle
étoit bien dirigée, dérangeroit, nécessairement, les

Partie II.   T

coûteroit peu : quelques marques d'honneur, suffiroient.

POUR seconder ces sortes de Censeurs,
taxons d'usure tout prêt fait à jeune homme, sans l'aveu de sa famille. Déclarons
nuls, tous les engagemens contractés avec
les Escrocs, les Fripons & les Joueurs;
le nombre, en sera moindre.

SI l'on agréoit la Censure que je pro-
pose, pourquoi les Provinces ne corres-
pondroient-elles pas, à cet égard, avec la
Capitale ? Pourquoi n'auroient - elles pas
des Représentans , chargés de rendre
compte au Magistrat & aux Familles, de
la conduite de ceux dont ils seroient les
Tuteurs inviolables (1)? Un Empereur
Romain, dans les temps les plus difficiles,
eut le courage de le tenter, & l'exécuta.

---

calculs de ceux qui ne vivent qu'aux dépens de la
jeunesse.

Je voulois développer ces idées, lorsque je suis
tombé sur l'Ordonnance de l'Empereur Valentinien :
je n'ai rien de mieux à faire, que d'en extraire les
principales dispositions.

(1) Pourquoi ? C'est que l'entretien des bonnes
mœurs, ne produit point d'argent comptant.

LES Mœurs, fous Valentinien, paroiſ-
foient fans reſſource. Quoique opprimé ,
quoique pauvre & malheureux, le Peuple
n'étoit pas moins dépravé que les Grands.
La Jeuneſſe, à la merci des Corrupteurs,
ne connoiſſoit plus de frein ; elle ſe moquoit, & de ſes Parens , & de ſes Maîtres.
Les plus habiles Inſtituteurs, ſe morfon-
doient dans leurs Ecoles , parce que leurs
Elèves indiſciplinés, ne fréquentoient plus
que des Courtiſannes , des Joueurs & des
Uſuriers.

LE mal ſembloit d'autant plus incurable , qu'il attaquoit la Génération récente. Pour arrêter le déſordre , ou du
moins le diminuer, l'Empereur ordonne
que l'on n'admettra, déſormais, les enfans des Provinciaux dans Rome , que
ſur des Certificats authentiques, où ſeront énoncés les noms de ces enfans, leur
Pays, leur Naiſſance, les Titres de leurs
Pères & ceux de leurs Familles ; qu'ils
préſenteront, en arrivant, leurs Certificats
au Magiſtrat chargé de la Police , & lui
déclareront à quoi ils ſe deſtinent : que

T ij

celui-ci les fera furveiller, afin de les rappeler à leurs devoirs, s'ils s'en écartent, ou de les renvoyer à leurs Parens, s'ils font incorrigibles.

PAR cette Ordonnance, il n'étoit pas permis aux Elèves étrangers, d'habiter Rome, paffé l'âge de vingt ans : ce terme expiré, le Préfet les congédioit.

POUR que rien n'échappât à l'œil public, il étoit encore ordonné à ces jeunes gens, de s'infcrire, tous les mois, fur un Regiftre ; & l'on envoyoit cette matricule, au Secrétariat de l'Empereur, afin que celui-ci pût connoître les bons fujets & s'en fervir.

CETTE belle Conftitution, promettoit plus qu'elle n'a tenu : elle produifit, cependant, de bons effets ; mais elle s'abolit, parce qu'on la négligea (1).

MA tâche expire. J'ai dit ce que je favois, d'autres diront ce qu'il faut faire ;

____

(1) L'Ordonnance de Valentinien, eft de l'an 370. *Voyez l'Hift. du Bas-Empire, par M. LE BEAU, L. XVIII, Tom. IV, pag.* 216.

& je souhaite qu'en traitant ce sujet, ils remportent la palme : il est doux de perdre un rang, quand l'humanité en profite. Au reste, si cet Ouvrage étoit mieux exécuté, il n'en seroit que plus mal reçu : les Hommes, disoit Ariston, n'aiment pas les vents qui les découvrent.

LA Pièce suivante, malgré son extrême simplicité, ne sera peut-être pas indigne de l'attention des Souverains : de ceux qui desirent sincèrement, ainsi que notre Auguste Monarque, la prospérité de leurs Sujets.

CHAPITRE LXe.
ET DERNIER.

Edit de l'Empereur de la Chine, père du Prince règnant, contre la fureur du Jeu;

O U

IXe. Précepte de Yong-Tcheng, principalement adressé aux Gens de Guerre.

NE forcez pas votre Empereur, qui n'est en effet que votre Père, à n'être plus qu'un juge.

JE vous ai souvent répété, que nous n'étions heureux que par la vertu (1) : c'étoit assez vous faire entendre, que nos vices détruisent, nécessairement, la bien-

---

(1) Le Célèbre M. DE GUIGNES, qui n'est pas savant pour lui seul, a bien voulu m'indiquer la Traduction littérale, non-seulement de ce IXe. Précepte, mais encore de plusieurs autres fort intéressans, & qui sont du même Auteur. J'ai puisé, dans ces différens morceaux, de quoi nourrir & fortifier celui-ci.

Afin que l'on ne croie pas, que cet *Edit* ou *Précepte* est d'imagination, j'aurai soin de présenter la Traduction du Texte, après ce dernier Chapitre.

faifance, la concorde & le bonheur. De tous les vices, je n'en fache point de plus nuifibles que la fureur du jeu.

Nous autres Mantchous (1), bons, fincères & fecourables autrefois, attachés à nos devoirs, uniquement occupés du foin de les remplir : nous, qui donnions le fuperflu, qui prenions fur le néceffaire pour affifter les Pauvres, nous étions bien différens de ce que nous fommes ! Nous étions généreux, nos amufemens étoient honnêtes, & nos jeux innocens : tout eft changé.

Moi qui vois tout, qui entends tout, du fond de mon Palais, & qui veille, le plus fouvent, quand le Crime ourdit fa trame dans les ténèbres : moi qui, vous le favez, détefte le menfonge plus que je ne crains la mort, j'affirme qu'il n'eft point de manie plus féconde en calamités publiques & fecrettes, que celle dont il s'agit. Oui, j'affirme qu'il n'eft point

______

(1) Les Mantchous, font Tartares d'origine, & Sujets naturels de la Dynaftie impériale, qui règne actuellement à la Chine.

d'hommes plus âpres que les joueurs, plus enclins au mal : ils fe feroient horreur, s'ils fe connoiffoient mieux ! je les connois, écoutez donc.

POURQUOI le Voleur, & le joueur qui lui reffemble à tant d'égards, continuent-ils prefque toujours ? Hélas ! c'eft qu'ils ont commencé.

QUICONQUE ne fait pas réfifter aux premières amorces, attife un feu, que bientôt il ne pourra plus éteindre. On ne joue, d'abord, que par complaifance, ou par défœuvrement. On ne donne que des momens au jeu, puis des heures, puis des jours, puis des nuits entières ; & c'eft ainfi que la paffion, s'allumant par dégres, dévore le temps plus cher que l'or, fait oublier les devoirs les plus facrés.

L'HABITUDE une fois confirmée, les joueurs ne connoiffent plus, ne refpirent plus que le hafard. Leur rage, ne finit pas avec les alimens qui la nourriffent. Au lieu de fe retirer du jeu, lorfqu'ils ont tout perdu, ils y fèchent d'impuiffance, mais ils regardent jouer.

L'UN, abandonne ses fonctions publiques ; l'autre, néglige l'art dont il tiroit
sa subsistance, & celle de sa famille. Incapables de tout, ils ne rêvent qu'au jeu.
Pour y suffire, ils vendent leurs maisons,
leurs terres : puisqu'ils se tuent, ils se
vendroient eux-mêmes ; tant le desir &
l'espérance, les aveuglent !

LES insensés ! que veulent-ils ? qu'es-
pèrent-ils ? Nous ruiner impunément ? La
ruine, à ce métier, est le partage du plus
grand nombre. Ceux qui prospèrent aujourd'hui, demain seront dans la misère.
Cependant, ils triomphent, ils ne doutent
plus de rien , lorsqu'ils ont dépouillé quelqu'un : attendez, ils seront dépouillés à
leur tour.

MALGRÉ le succès , on les fuit , on les
déteste. Les honnêtes gens les montrent
de loin, comme la terreur & l'opprobre
de leur pays : Gardez-vous-en, disent-ils ;
le besoin qui les tourmente, suppose tous
les vices ou les suggère.

IRASCIBLES , & néanmoins perfides ,
tantôt ils poignardent pour un geste, pour

un mot (1) : tantôt, ils trompent, ils pouffent dans le précipice, les Compagnons de leurs débauches.

QUELLE eft la fin d'un joueur? Demandez-le à ceux, dont les Amis fe font exilés de cet heureux climat; à ceux, dont les Parens fe font tués (2), pour éviter le fupplice : interrogez, fur-tout, ces Pères de Familles, qui, pour avoir négligé leurs enfans (3), porteront, jufqu'au dernier foupir, le deuil de l'honneur.

(1) « Lorfque quelqu'un a été tué, il faut que fon meurtrier meure auffi ; c'eft la Loi de l'Empire : ne l'oubliez pas, gravez-la profondément dans votre efprit. » *X^e. Précepte.*

(2) « Penfez, que vous n'êtes pas les maîtres de vos perfonnes, que vous n'avez pas le droit d'en difpofer à votre gré : vos perfonnes appartiennent à l'Empire, à vos familles. » *X^e. Précepte.*

(3) Cette indifférence n'eft pas commune à la Chine. « Voyez, dit le même Empereur, comment un père & une mère veillent fur leurs enfans : ils prêtent l'oreille au fon de leurs voix ; ils obfervent leurs vifages ; ils font dans des perplexités continuelles. S'ils les voient rire, ils font bien aifes ; ils font triftes, s'ils les entendent pleurer. Commencent-ils à marcher ? ils comptent leurs pas, ils les fuivent & ne les quittent point. Sont-ils malades ? ils en perdent l'appétit & le fommeil. Lorfqu'ils commen-

JE défends le jeu. Si quelqu'un brave mes ordres, il bravera la Providence, qui n'admet rien de fortuit ; il contredira le vœu de la Nature, qui nous crie : Espérez, mais travaillez ; les plus actifs, seront les mieux traités (1).

» cent à devenir grands, ils les instruisent, ils leur
» donnent une éducation convenable à leur état ; &
» quand ils sont plus avancés en âge, ils tâchent, par
» un bon établissement, de les rendre heureux pour
» le reste de leurs jours. Enfin, les bienfaits dont un
» père & une mère comblent, ici, leurs enfans, res-
» semblent à ceux dont le Ciel nous comble chaque
» jour : ils sont de toute espèce, ils sont sans nom-
» bre. » *Premier Précepte.*

Il est dit dans le IVe. Précepte : « Si vous instruisez
» bien vos enfans & vos frères, si vous veillez sur
» leur conduite, si vous mettez tous vos soins à leur
» donner une bonne éducation, votre front sera rayon-
» nant de gloire, la porte même de votre maison,
» brillera d'un éclat qui éblouira les Passans. »

(1) « Moi qui suis le Maître de tout ce qui est sous
» le Ciel, moi qui suis à l'abri de la disette & des
» maux qu'elle entraîne ; moi-même, chaque année,
» en présence des Princes & des Grands, je laboure
» la terre de mes propres mains. Je le fais, pour
» convaincre l'Univers, que les travaux propres à
» féconder la Terre, regardent tout le monde : que
» tout le monde, par conséquent, doit s'y livrer,
» puisqu'il n'est personne qui ne profite de ce qu'elle
» produit. » *V^e. Précepte.*

LA Nature, notre Mère commune, n'a jamais abandonné ſes enfans : ne les a-t-elle pas nourris, à l'inſu des Raviſſeurs de toute eſpèce ? puiſque les Générations, plus ou moins floriſſantes, ſe ſont conſtamment ſuccédées, & que la race humaine ſubſiſte encore.

SI j'étois mieux ſecondé, le Soleil ne verroit pas un Pauvre dans l'étendue de mon Empire. Que peut la volonté d'un ſeul, contre les volontés ambitieuſes & diſcordantes, de tant de millions d'hommes, qui ne ſoupirent qu'après le ſuper-flu, dont la meſure ne ſe comble jamais ?

C'EST ce ſoupir éternel, ce ſont ces vœux inſatiables, qui font les joueurs ; qui les proſternent, aux pieds de leurs Idoles : comme ſi le Sort, le Haſard ou le Deſtin, leur devoient des préférences ; ou plutôt, comme ſi ces Êtres phantaſtiques, avoient des yeux & des oreilles, pour les voir & les entendre.

IL eſt naturel, ſans doute, & légitime, de chercher à s'enrichir par des moyens honnêtes : l'émulation générale, eſt au profit de tous ; aussi n'ai-je rien négligé, pour la maintenir & l'augmenter.

Dès le commencement de mon Règne, je fis sentir, par des Actes authentiques, que l'émulation & la liberté, étoient les seuls moyens de bannir le luxe, la mollesse, les jeux de hasard ; de remédier, autant qu'il est possible, à l'inégalité des richesses. Je n'oubliai point, sur-tout, d'applanir le chemin de la fortune, aux indigens, qui ne le sont plus que par leur faute.

J'ai fait ce que j'ai pu : quoi que j'eusse fait, je n'aurois pas triomphé des abus renaissans, qu'entraînent tant de passions contraires. Je n'aurois pas, même, garanti la prudence, des revers inopinés : mais celle-ci, bien différente de la fureur que je proscris, fait que, tôt ou tard, la patience & la vertu surmontent le malheur, ou du moins le rendent vénérable.

Officiers, Soldats, & vous qui m'appartenez par les liens du sang, si vous m'aimez, si vous respectez votre Prince, ne soyez pas des joueurs. Chargés du soin de protéger nos frontières, de maintenir l'ordre dans l'intérieur de mes Etats, vous devez l'exemple des mœurs & de la justice, dont vous êtes les soutiens.

L'HONNEUR, le travail, l'économie : voilà les sources où vos pareils, au lieu de s'en rapporter au hasard, doivent puiser pour le présent & l'avenir. Vous avez votre paie, ménagez-la. Quelques-uns ont des Terres, qu'ils les fassent valoir ; & quand les Moissons seront abondantes, qu'ils songent à la stérilité.

N'ALLEZ pas, cependant, imiter ceux qui deviennent avares, en cessant d'être prodigues : jouissez, mais faites jouir, car vous pouvez devenir pauvres.

JE vous ai montré ce que c'est que la fureur du jeu (1) : puissent mes préceptes étouffer dans vos cœurs, cette passion qui consterne le mien !

VOUS m'avez entendu. Je le dis à regret,

______

(1) « Vous n'ignorez plus, quel est le chemin qui » doit vous conduire à la félicité & aux honneurs ; » vous savez encore, quelle est la voie qui mène » aux infamies & aux misères : suivez l'un, sans re- » lâche ; écartez-vous de l'autre, avec le plus grand » soin. » *VI.ᵉ Précepte.*

Mantchous, il faut pourtant le déclarer : je punirai les Infracteurs quels qu'ils foient; je les punirai, vous dis-je, fuffent mes propres Fils.

POUR la dernière fois, il en eft temps encore, que les joueurs fe corrigent, mais fans délai.

Traduction littérale du neuvième Précepte d'Yong-Tcheng, &c. par le P. AMIOT.

« PARMI les chofes qui portent un
» préjudice réel à l'homme, le jeu tient,
» fans contredit, un des premiers rangs.
» Nous autres Mantchous, bons & fin-
» cères dans notre origine, attachés à nos
» devoirs, & uniquement occupés du foin
» de les remplir, nous étions bien éloig-
» nés d'avoir une telle paffion : nous ne
» connoiffions que des amufemens hon-
» nêtes & innocens. Il n'en eft pas de
» même aujourd'hui : j'apprends, avec
» un regret amer, qu'il en eft parmi les
» nôtres qui jouent, & qui font même
» joueurs de profeffion. Infenfés ! que

» prétendent-ils ? quelles peuvent être
» leurs vues ? Parmi ceux qui jouent, le
» plus grand nombre se ruine, & les autres,
» je veux dire ceux même qui gagnent,
» loin de s'enrichir, s'appauvrissent tôt
» ou tard. Il n'est donc permis à personne
» de jouer ; & si quelqu'un s'avise désor-
» mais de le faire, il enfreindra mes
» ordres, & ne sera pas moins rebelle à
» ceux de la Providence (1), qui veut que
» chacun soit content de son sort.

» IL n'est personne qui n'ait, ici-bas,
» sa part déterminée des biens de la Na-
» ture ; mais la mesure des richesses de
» chacun, ne dépend pas toujours, des
» soins qu'il peut prendre pour les ac-
» quérir. L'état d'opulence & de pauvreté,
» n'a point été laissé à notre choix : tout
» est réglé par la Providence. Cependant,
» il se trouve des hommes assez stupides

---

(1) « Les Caractères Chinois qu'on rend par ce son
» *Ming*, & le mot Mantchou qui lui répond, peuvent
» s'expliquer également par le mot *Providence*, ou
» par celui de *Destinée*, ou du *Fatum* des Anciens.
» Il a véritablement l'une & l'autre de ces significa-
» tions, tant en Chinois qu'en Tartare-Mantchou. »

» &

» & affez méchans pour méconnoître cette
» Providence, & pour vouloir fe fouftraire
» à fes ordres abfolus. Etouffant dans leurs
» cœurs, les femences du bien, que les
» Lois humaines & celles de la Nature y
» avoient répandues, ils foupirent après
» le bien d'autrui, & cherchent à l'en-
» vahir par les voies les plus illicites.
» Leur cupidité va fi loin, qu'ils ne font
» bientôt plus aucune difficulté de trom-
» per, lorfqu'ils le peuvent impunément:
» ils mettent en ufage toutes fortes d'ar-
» tifices; ils gagnent chaque jour; chaque
» jour, les dépouilles des autres femblent
» devoir augmenter leurs tréfors : mais
» tout cela n'eft qu'une vaine apparence;
» ils ne tardent pas à être dépouillés à
» leur tour.

» Ce qui m'étonne encore davantage,
» c'eft d'apprendre qu'il fe trouve des
» hommes affez imbécilles, pour fe laiffer
» tromper par ces joueurs de profeffion.
» On ne feroit pas la dupe de tels fri-
» pons, fi l'on vouloit faire attention à
» leur conduite. Ils féduifent, d'abord,
» de mille manières, ceux qu'ils veulent

» dépouiller ; ils n'oublient rien, pour
» leur donner insensiblement le goût du
» jeu; mais quand une fois ils les tiennent
» dans leurs filets, ils ne les laissent point
» échapper, qu'ils ne les aient entiére-
» ment ruinés.

   » Un homme chez qui la passion du
» jeu commence à s'insinuer, d'abord
» joueur timide, ne donne au jeu que
» peu de temps ; mais bientôt devenu plus
» hardi, il néglige ses devoirs, il aban-
» donne sa profession, il ne cultive plus
» l'art ou le métier, dont il tiroit sa sub-
» sistance & celle de sa famille ; il n'a plus
» d'autre occupation, ni d'autres pensées
» que le jeu ; il vend ses meubles, ses
» maisons & tout ce qu'il possède, jusqu'à
» ce qu'enfin réduit à une misère affreuse,
» sans ressource, sans honneur, sans ré-
» putation, il ne soit plus qu'un objet
» méprisable aux yeux des hommes, &
» un vil rebut de la nature humaine, qui
» se trouve comme déshonorée de l'avoir
» produit.

   » Officiers, Soldats, Gens de Guerre,

» qui que vous ſoyez, évitez un excès ſi
» criant ; ne cherchez point à acquérir des
» richeſſes par d'autre voie, que par celle
» de vos travaux, & de vos épargnes :
» vous avez vos appointemens fixes, mé-
» nagez-les ; ne faites point de dépenſes
» inutiles : vous avez des terres, cultivez-
» les avec ſoin, & mettez à profit tout
» ce qu'elles vous rendront. Après avoir
» ſuffiſamment pourvu à votre entretien,
» & à celui de votre famille, mettez le
» ſuperflu en réſerve, pour l'avenir &
» pour les temps de calamité.

» DANS la crainte où je ſuis que les
» Mantchous, mes eſclaves, ne s'adonnent
» au jeu, j'ai voulu leur faire enviſager
» une partie des déſordres, que cette
» funeſte paſſion entraîne après elle ; j'ai
» voulu les avertir des dangers qu'ils cou-
» roient en s'y livrant. Inſtruits de mes in-
» tentions & de leurs devoirs, ils doivent
» étouffer toute penſée qui pourroit leur
» venir, de chercher à s'enrichir par cette
» voie non moins criminelle qu'inutile ;
» les châtimens ſuivront de près l'infraction
» à mes ordres ſur cet article. Que ceux

V ij

» qui, par une licence inique, font adon-
» nés au jeu, aient à fe corriger fans
» délai (1). »

____

(1) « Les Chinois & les Mantchous qui font au-
» jourd'hui dans la Chine, font, peut-être, de toutes
» les nations du monde, celles qui, en apparence,
» ont le plus d'averfion pour le jeu. Un joueur, un
» homme capable de tous les crimes, & un malfai-
» teur avéré, font, ici, des termes prefque fyno-
» nymes. On ne laiffe pas cependant que de jouer,
» & de jouer même avec fureur. On a fait, en diffé-
» rens temps, des Ordonnances très-févères contre
» le jeu. Les Empereurs de cette Dynaftie, par une
» politique femblable à celle d'un de nos Rois, qui,
» pour arrêter le cours du Luxe qui fe répandoit en
» France, permit aux Courtifannes feulement ce qu'il
» défendoit aux perfonnes d'honneur, ces Empereurs
» en défendant rigoureufement le jeu dans toute l'é-
» tendue de l'Empire, l'ont permis aux Porteurs de
» chaifes feulement, gens fans aveu, qui font dans un
» mépris général; mais cette politique, n'a pas eu tout
» le fuccès que l'on s'en étoit promis. L'Empereur
» régnant, n'a excepté perfonne de la Loi commu-
» ne. » *Art Militaire des Chinois*, *&c.* auquel on a
joint, *Dix Préceptes adreffés aux Troupes par l'Em-*
pereur Yong-Tcheng, *père de l'Empereur régnant,*
pag. 38. Traduit en François, par le P. Amiot, Mif-
fionnaire à Pe-king; revu & publié par M. de Guignes.
A Paris, chez Didot l'aîné, M. DCC. LXXII.

F I N.

TABLE
DES MATIÈRES.

La Table des Chapitres, placée à la tête de cet Ouvrage,
n'en présente que la marche & le plan : cette seconde
Table, n'offrira que des Autorités ; de manière, cependant, que les Renvois indiqueront tous les Articles qui
ont été traités.

Préf. marque la Préface ; le Chiffre Romain , les Parties ; & le
Chiffre Arabe , les pages.

A

B

G

H

LA

M

Q

R

X iv

Fin de la Table des Matières.

APPROBATION.

J'ai lu, par ordre de Monseigneur le Garde des Sceaux, un Manuscrit intitulé : *De la Passion du Jeu depuis les temps anciens jusqu'à nos jours*, par M. DUSAULX, *de l'Académie des Belles-Lettres* ; & je crois qu'on peut en permettre l'impression. A Paris, le 8 mars 1779.

COQUELEY DE CHAUSSEPIERRE.

PRIVILEGE DU ROI.

LOUIS, PAR LA GRACE DE DIEU, ROI DE FRANCE ET DE NAVARRE : A nos amés & féaux Conseillers, les Gens tenans nos Cours de Parlement, Maîtres des Requêtes ordinaires de notre Hôtel, Grand-Conseil, Prévôt de Paris, Baillifs, Sénéchaux, leurs Lieutenans Civils, autres nos Justiciers qu'il appartiendra ; SALUT. Notre amé le sieur DUSAULX nous a fait exposer qu'il desireroit faire imprimer & donner au Public un Ouvrage de sa composition, intitulé : *De la Passion du Jeu depuis les temps anciens jusqu'à nos jours* ; s'il nous plaisoit lui accorder nos Lettres de Privilège à ce nécessaires. A CES CAUSES, voulant favorablement traiter l'Exposant, nous lui avons permis & permettons de faire imprimer ledit Ouvrage autant de fois que bon lui semblera, & de le vendre, faire vendre par-tout notre Royaume. Voulons qu'il jouisse de l'effet du présent Privilège, pour lui & ses Hoirs à perpétuité, pourvu qu'il ne le rétrocède à personne ;

& fi cependant il jugeoit à propos d'en faire une ceſſion , l'Acte qui la contiendra ſera enregiſtré en la
Chambre Syndicale de Paris , à peine de nullité , tant
du Privilège que de la ceſſion ; & alors par le fait ſeul
de la ceſſion enregiſtrée, la durée du préſent Privilège
ſera réduite à celle de la vie de l'Expoſant, ou à celle
de dix années à compter de ce jour, ſi l'Expoſant
décède avant l'expiration deſdites dix années. Le tout
conformément aux articles IV & V de l'Arrêt du Conſeil du 30 Août 1777, portant Réglement ſur la durée
des Privilèges en Librairie. FAISONS défenſes à tous
Imprimeurs, Libraires & autres perſonnes de quelque
qualité & condition qu'elles ſoient, d'en introduire
d'impreſſion étrangère dans aucun lieu de notre obéiſ-
ſance ; comme auſſi d'imprimer ou faire imprimer,
vendre , faire vendre , débiter ni contrefaire ledit
Ouvrage, ſous quelque prétexte que ce puiſſe être,
ſans la permiſſion expreſſe & par écrit dudit Expoſant,
ou de celui qui le repréſentera, à peine de ſaiſie & de
confiſcation des Exemplaires contrefaits, de ſix mille
livres d'amende, qui ne pourra être modérée, pour la
première fois ; de pareille amende & de déchéance d'é-
tat en cas de récidive, & de tous dépens, dommages &
intérêts , conformément à l'Arrêt du Conſeil du 30
Août 1777, concernant les contrefaçons. A la charge
que ces Préſentes ſeront enregiſtrées tout au long ſur
le Regiſtre de la Communauté des Imprimeurs & Libraires de Paris, dans trois mois de la date d'icelles ;
que l'impreſſion dudit Ouvrage ſera faite dans notre
Royaume & non ailleurs, en beau papier & beau caractère , conformément aux Réglemens de la Librairie, à peine de déchéance du préſent Privilège : qu'a-
vant de l'expoſer en vente, le Manuſcrit qui aura
ſervi de copie à l'impreſſion dudit Ouvrage ſera remis,
dans le même état où l'approbation y aura été donnée,

ès mains de notre très-cher & féal Chevalier Garde des Sceaux de France le sieur HUE DE MIROMÉNIL; qu'il en sera ensuite remis deux Exemplaires dans notre Bibliothèque publique, un dans celle de notre château du Louvre, un dans celle de notre très-cher & féal Chevalier Chancelier de France le sieur DE MAUPEOU, & un dans celle dudit sieur HUE DE MIROMÉNIL : le tout à peine de nullité des Présentes; du contenu desquelles vous mandons & enjoignons de faire jouir ledit Exposant & ses Hoirs pleinement & paisiblement, sans souffrir qu'il leur soit fait aucun trouble ou empêchement. VOULONS que la copie des Présentes, qui sera imprimée tout au long au commencement ou à la fin dudit Ouvrage, soit tenue pour duement signifiée, & qu'aux copies collationnées par l'un de nos amés & féaux Conseillers Secrétaires, foi soit ajoutée comme à l'original. COMMANDONS au premier notre Huissier ou Sergent sur ce requis, de faire pour l'exécution d'icelles tous Actes requis & nécessaires, sans demander autre permission, & nonobstant clameur de Haro, Charte Normande, & Lettres à ce contraires. CAR tel est notre plaisir. DONNÉ à Paris le deuxième jour de juin, l'an de grace mil sept cent soixante-dix-neuf, & de notre règne le sixième. Par le Roi en son Conseil. LE BEGUE.

Regiftré fur le Regiftre XXI de la Chambre Royale & Syndicale des Libraires & Imprimeurs de Paris, N°. 1681, Fol. 141, conformément aux difpofitions énoncées dans le préfent Privilège, & à la charge de remettre à ladite Chambre les huit Exemplaires prefcrits par l'article CVIII du Réglement de 1723. A Paris, ce 5 juin 1779.

DE HANSY, *Adjoint.*